地方自治の基礎概念

住民・住所・自治体を
どうとらえるか？

嶋田暁文・阿部昌樹・木佐茂男
編著

太田匡彦・金井利之・飯島淳子
著

公人の友社

〈目次〉

刊行のことば　九州大学教授　木佐茂男……3
序　章　地方自治研究の深化に向かって
――「パラダイム・アプローチ」による基礎概念のとらえなおし　九州大学准教授　嶋田暁文……5
第一章　居住・時間・住民
――地方公共団体の基礎に措定されるべき連帯に関する一考察　東京大学教授　太田匡彦……25
第二章　対象住民側面から見た自治体・空間の関係　東京大学教授　金井利之……69
第三章　「居住移転の自由」試論　東北大学教授　飯島淳子……120
第四章　コメント――自治体の「区域」と「住民」をめぐって――　大阪市立大学教授　阿部昌樹……144
第五章　討論……162

刊行のことば

九州大学教授　木佐　茂男

本書『地方自治の基礎概念――住民・住所・自治体をどうとらえるか？』およびその前に同一出版社から刊行された『分権危惧論の検証―― 教育・都市計画・福祉を題材にして』は、二〇一一年度から三年間にわたって展開された文部科学省・基盤研究（A）採択課題「地方自治法制のパラダイム転換」の中で、日本、韓国、中国、台湾の研究者・実務家など計四五名からなる一連の研究活動の一部をとりまとめたものである。

本研究プロジェクトの研究活動は、次のような問題意識に立つものである。二〇〇〇年の地方分権一括法施行に結実した第一次地方分権改革が進行しつつあった。しかし、その地方分権が、引き続き行われた大規模な市町村の広域合併や地方財政の窮乏化と相まって、十分に根づいたものになっているか、という疑問が生じていた。地方自治法制をめぐる二〇〇〇年以降の学術的な論稿にあっても、現実を踏まえたとき、素朴な分権推進論議でよいのかという一種の危うさがあった。また、われわれが科学研究費に応募したのは、二〇一〇年の秋のことであり、二〇〇九年九月に民主党政権が成立して一年後のことであった。その政権における地域主権改革が第二期の分権改革とされているが、この改革内容についても、理論的に十分な枠組みが提供されているのか、という疑問を、本研究会メンバーは共有するに至った。

本研究の三年の間には、二〇一二年一二月に自民・公明連立政権が成立し、研究期間は、五対四の比率で二つの政権担当期に分かれることになった。地方分権政策は継続しているようではあるが、政策にはときに微妙な、ときに顕著な変更が生まれてきた。さらに、本研究が開始される直前に東日本大震災が発生し、申請時にはおよそ想定していなかった原子力発電所の大事故により、住民が区域内に居住しない地方自治体が発生した。「地方自治」の根底をなす自治体の区域、住民、住所の一体性というこれまでの地方自治論の基礎が掘り崩される事態も生じた。

本シリーズでは直接に正面からは取り上げないが、われわれは、第一次分権改革による新しい事務区分、国と地方自治体の関係、国と地方自治体との間の係争処理など、諸外国の法制とは相当に異なる制度設計も登場し、それらが真に機能しているかも問われなければならないと考えた。研究計画が採択されてから開催した全体研究会、各班の研究会、特定テーマでの集中討論、海外での学会共催、海外視察などは、およそ四〇回におよぶ。

本シリーズの第一冊目は、二〇一三年一〇月二六日（土曜日）に立教大学を会場として行ったシンポジウム「分権しても大丈夫なのか？分権危惧論とその乗り越え方」、第二冊目は、同年一一月三〇日（土曜日）に明治大学を会場として行ったシンポジウム「住民・住所・居住移転の自由と自治」の記録をベースにしたものである。多数開催した研究会のうち、この二つの研究会のみを選んで、本研究会所属メンバー以外の著名研究者あるいは実務家からいただいた講演報告とそれに引き続くディスカッションを、加筆・修正の上、収録した。この全二冊の出版に際して、書名は、第一巻を『分権危惧論の検証――教育・都市計画・福祉を題材にして』、第二巻を『地方自治の基礎概念――住民・住所・自治体をどうとらえるか？』と変更した。討論、その後の原稿書き直しをしてくださった報告者及び討論発言者に対して、厚く感謝申し上げる。

序章　地方自治研究の深化に向かって

――「パラダイム・アプローチ」による基礎概念のとらえなおし

九州大学准教授　嶋田　暁文

Ⅰ　はじめに

「刊行のことば」でも記されているように、本書は、二〇一三年一一月三〇日に行われたシンポジウム「住民・住所・居住移転の自由と自治」をベースとしている。ただし、当日の記録を活かしたのは討論部分のみであり、太田匡彦氏、金井利之氏、飯島淳子氏によるご報告、阿部昌樹氏によるコメントについては、論文形式に基づき全面的に書き直していただいた。これは、口頭報告の形式では、各報告の緻密な論理と深遠なる思考の内実が十分に表現しきれず、中途半端なものにとどまってしまうことを危惧したためである。

しかし、論文形式をとったことにより、その内容が緻密化、充実化されたことと引き換えに、難易度が高まってしまったことは否めない。そこで、以下では、読解のハードルを下げるため、本書の読書案内を試みたい。具体的には、第一に、上記シンポジウムを企画した際の筆者自身の問題意識を述べる。第二に、太田、金井、飯島各氏による論文の内容を要約する形で示す。最後に、若干のコメントを行うことにしたい。

Ⅱ　企画に際しての問題意識

上記シンポジウムを企画するに至った背景には、「住民」「住所」「区域」などをキーワードとする注目すべき論考が相次いで公刊されたという事情があった。そこで、まずは、そのうちの主だったものとそれに関連する諸論考を取り上げ、内容を紹介することからはじめることにしたい。（なお、以下では、論者の用法に応じて「地方公共団体」「自治体」「地方政府」の各語を用いる。）

A　「開放的強制加入団体」としての地方公共団体

第一に取り上げるべきは、本書の著者の一人でもある太田匡彦氏による「住所・住民・地方公共団体」と題した論文である。[註1]

太田氏によると、住民の要件を住所のみとする地方自治法の定めにより、普通地方公共団体（以下、「地方公共団体」

と略す。）は、具体的な個人を自らの構成員（住民）とするか否かを当該団体の意思で決することができない。個人にとっては、「団体意思によって構成員資格の得喪を左右されない」という意味で、地方公共団体は「開放的団体」ということになる。しかし、他方で、「ある地方公共団体の区域内に住所を有する個人は、自らの加入意思を問われぬまま、自動的に当該団体の住民とされてしまう」という意味では、地方公共団体は「強制加入団体」でもある。両面を合わせると、地方公共団体は、「開放的強制加入団体」として性格づけられることになる。

太田氏は、この特性に、国と地方公共団体の編成原理の違いを見出し、日本という政治体制における異質な両者の組み合わせという観点を踏まえて解釈論にも一定の方向性を与えようとする。すなわち、外国人の地方参政権については、国民主権原理と血統主義国籍法を持つことを与件とする国による統合だけではなく、それとは異質な編成原理を持つ地方公共団体による「参加を通じた統合」を組み合わせることに意味があるとして、外国人の地方参政権を承認することに積極的な態度を示す。他方で、地方公共団体による住民票拒絶については、①すべての人に認められるべき二つの本人確認（同一性証明）手段の一つ（「系譜」と「居住場所」という万人が持つ二つの要素のうちの後者）を剥奪し、地方公共団体によるサービス提供や各種法的地位の享受を不可能にするだけでなく、「拒絶された人にとって拒絶された人自身も見通せない不利益を与える可能性がある」という点、②地方公共団体が「法により定められた自らの基本性格を忘れて多数派住民の意思を背景に少数派住民に対抗した存在」に堕してしまっているという点から、批判的な態度が示される。

B　住民・政治的選好の地域的偏在・政治的距離

第二に取り上げるべきは、行政法学者である原島良成氏（熊本大学准教授）による「地方公共団体の住民――その法的地位（一）」と題した論文である。[註2] 原島氏は、日本国憲法が「国民」と区別する形で「住民」の法的地位を定めていることを重視し、「地域住民の自律ないし自己決定」を地方自治法制の体系的理解の中核に置くことを提唱する。

原島氏によれば、「地方政府による統治と中央政府による統治とは、統治権能の性質と統治作用の管轄規模における差異により区別される」とされ、管轄規模の差異を別の角度から見ると、「両政府の差異は、観念的には、被治者との政治上の『距離』の違いということになる」のだという。ここで、「距離」とは、「各政府の政治的意思決定に対して個々の被治者が与えうる影響力の強弱」を意味し、「ある政治的イシューについて、その民主的決定過程に関与する人数が少ないほど距離が近くなるもの」と観念されている。

人々が生活する土地には、それぞれ特有の風土等があり、それに対応する形で利益や選好にも地域ごとの差異が生じる。つまり、政治的選好には地域偏在が生じるのである。これを無視して政治的決定を中央政府に一元化するのでは、合理的な配分も公正な配分も期待できない。「局地的公益」は流動的であり、かつ、作りだされていくものである以上、「住民による自己決定」を通じて同定されていくべきものである。〝全国家的公益と対面する「国民」が同時に局地的公益と対面する「住民」でもある〟という重層的な仕組みは、国家単位の意思決定にすべてを一元化するのではなく、「政治的選好の地域偏在」に対応する形で、「政治的距離」の近い地方政府において「住民による自己決定」を行わせる、という構想にほかならない。

以上のような原島氏の主張と類似の議論は、行政法学者・斎藤誠氏（東京大学教授）による「憲法と地方自治――分権と自己決定」と題した論文の中でもすでに示されていた。[註3]「機能適正な垂直的権力分立論」による地方自治の根拠論がそれである。地方自治の根拠論としては、権力分立による自由の保障（個人の自律・尊重）が第一に語られてきたが、権力分立は、「機能適正な機関構造」を通じて、「責任の明確性」の確保や「国民統合」の実現だけでなく「住民が本当に望んだものをどれだけ提供できるのか」という「有効性」をも包摂した「効率性」の実現にも資する。[註4]

斎藤氏は、こうした「機能適正な垂直的権力分立論」の中に、「住民自治の自己決定の契機」を組み込み、「民主主義」という地方自治のもう一つの根拠との接合を図る。そして、「住民自治を基礎とした、地域における『公』の形成をもって、地方公共団体の国と同型でない統治の根拠とした」のである。[註5]

C　参政権行使主体としての住民

第三に取り上げるべきは、総務官僚である山﨑重孝氏による「住民と住所に関する一考察」と題した論文である。上記の諸論考が、「住民」や「住所」に着目することで、国と地方公共団体の非相似的側面を描き出そうとしていたのに対し、山﨑氏の論文は、日本国憲法が「住民」を地方公共団体の参政権を行使する主体として位置づけていることを重視し、そこに、「住民」と「住所」が不可分のものとして考えられてきたことの淵源を見出すものである。

山﨑氏は、日本国憲法九三条および九五条の規定に鑑み、地方公共団体の参政権を行使する存在としての側面こそ、憲法上の「住民」理解にとって重要であるとする。「住民は、地方公共団体の参政権の行使主体として合理的なものでなければならない」というのが憲法上の要請であり、地方自治法等の法令が「住民」概念を具体的に構成する際には、この合理性確保要請の枠組みの中で行われる必要がある、と解されるという。

合理性確保要請に応えるためには、参政権行使をする対象としての地方公共団体が客観的に一つに定まることが好ましい。そして、「参政権の行使」、「公共サービスの提供」、「公共サービスの負担分任」という三つの要素を統一して「住民」概念を構成することも必要である。なぜなら、三つの要素が統一されないと無責任になってしまうからである。これは参政権行使や公共サービス負担分任をせずに、公共サービスの提供を受けるのみ、というケースを想起すれば理解しやすい。

以上を踏まえると、「客観的居住の事実」を核として「住所」をとらえ、「住所」と不可分のものとして「住民」概念を規定することが望ましいということになる。ただし、上記三つの要素を統一的に構成できなくなってしまうような状況が長期化してしまう事態が生じた場合には、こうした伝統的な考え方から離れて、〝「客観的居住の事実」を抜きに「住民」概念を構成することは可能か〟という問題に直面することになるのだという。

以上のような山﨑氏の主張には、筆者自身も共感するところが少なくない。ただ、参政権行使主体としての住民をとらえる際には、その中核的要素たる「住むこと」にもう少し留意する必要があるのではないかと考えている。

「住むこと」がいかなる意味あるいは作用をもたらすのかについては、幾人かの論者が論じてきた。たとえば、法哲学者である名和田是彦氏（法政大学教授）は、「住むこと」が「環境を認識や操作の対象として突き放してみるのではなく、環境に対して相互共感的に振る舞う」人々の行動を惹起するのみならず、「生活上の共同的必要性に基づく秩序」（「領域的秩序」）を生じせしめる点に着目している。[註6] 本書の著者の一人である飯島淳子氏もまた、本書所収の論文の中で「住むこと」の意味を論じている。[註7]

しかし、ここで筆者が言及したいのは、「住む」の語源に着目した「住むこと」の意味論である。興味深いことに『岩波古語辞典（補訂版）』によれば、「住む」と「澄む」の語源は同じだという。「ある一カ所に住むということが、濁っている水が自然に沈殿していって、それが澄んでくるということと同じ」というわけである。[註8] これは、「どうせすぐにいなくなってしまうような奴は信用できない」といった、われわれにとって馴染みのある日常感覚からしても納得しやすい。

山﨑氏の議論の文脈に当てはめれば、「住むこと」を中核的要素とした「住民」を参政権主体としたこと自体に、合理的な参政権行使の蓋然性を高める意図が存していたということになろう。

もっとも、こうした「住むこと」の意味論が当てはまるのは、典型的には「人々が同じ場所で一生を過ごすような農村社会」においてであり、「転居や職住分離が当たり前になる工業化・都市化社会」においては、うまく当てはまらなくなるようにも思われる。今日において、「住むこと」の意味論はフィクションにとどまると言わざるを得ない。しかし、そのフィクションを「生活の本拠」といった概念を媒介にすることで形式的に維持してきたのが、現行体制であるように思われるのである。

しかし、他方で、そうしたフィクションの下、実際には、〝「住民」ではないが、当該地方公共団体においてプラスもしくはマイナスの影響を与えうる人々〟の存在は無視しえない状況にある。近年、各地の自治基本条例において、在勤者・在学者（場合によっては土地所有者）を「市民」等の定義に含め、〝準住民〟として対象化する傾向が見られるのは、こうした状況に対処すべく生じた「地方公共団体による自らの構成員を再定立する試み」（飯島淳子）として理解することができる。そこには、看過しえない問題も内在しているが、これについては、飯島氏の「住民」と題した論文[註9]が示唆に富むので参照願いたい。

D　二重の住民登録とバーチャル自治体論

第四に取り上げるべきは、福島第一原子力発電所事故によって長期的な避難を余儀なくされている人々の苦悩への対応方策を論じた、行政学者・今井照氏（福島大学教授）による一連の論考である。[註10]

今井氏は、避難者に対し、①「戻る」「戻らない」の二者択一を強要しないため、また、②シチズンシップ（市民性・市民権）の多重性、特に、まちづくりへの参加権や参政権を保障するために、「二重の住民登録」をコアとする「バーチャル自治体論」を提唱している。

具体的には、二地域で住民基本台帳に登録できるようにし、納税や選挙権行使の場面での調整を施すことで、その構想は十分実現可能であるとする。[註11] 統計や行政サービスで住民がダブルカウントされてしまったり、商取引上の本人確認に関して支障が生じてしまう懸念があるが、これについても技術的な工夫で解決可能とされる。

この構想への最大の障壁となるのは、「住所は一つ」という伝統的な観念である。今井氏は、これへの反論として、〝歴史的に村落は人の集合体であって、土地の集合体ではなかったこと〟[註12]や〝日本の自治制度でも明治末期の市制町村制改正までは、住所が一つに限定されていなかったこと〟や〝地方自治法上、自然災害避難者の選挙権についての特例が設けられていた過去が現に存在する〟などの歴史的事実を挙げ、「二重の住民登録」が決して無謀な構想ではないことを主張する。

今井氏は、「二重の住民登録」を中核とする「バーチャル自治体論」をさらに敷衍し、「自治体に『区域』は必要なのか」という根源的な問いを投げかけている。すなわち、「国家の三要素」に倣って、「区域、住民、自治権（もしくは法人格）が自治体の構成要素である」という説明がしばしばなされるが、こうした通説的理解に疑問を投げかけるのである。

こうした問いかけに対し、「空間なき市町村」は可能であるとするのが、本書の著者の一人、金井利之氏である。[註13]　本書所収の論文でもこの点についての言及がなされているので、参照願いたい。[註14]

E　「パラダイム・アプローチ」に基づく研究の体系的蓄積の必要性――当初の問題意識

上記の諸論考は、主張する内容は一様でないものの、〝「住民」「住所」「区域」への着目を通じて、従前必ずしも意識されてこなかった、日本の地方自治法制が前提とする認識（考え方）・価値観・規範――これらを総称して「パラダイム」と呼びたい――を明らかにする〟という接近法においては共通している。こうしたアプローチを「パラダイム・アプローチ」と呼ぶことにしよう。

「パラダイム・アプローチ」に基づく各論考は、地方自治法制をめぐる諸概念について根源的な問い直しを提起している。その主張はそれぞれに極めて興味深い。しかし他方で、各議論のすれ違いや緊張関係、相互関連性が必ずしも明らかではなく、体系的な研究蓄積状況には至っていない。どうにかして、これらの議論を学界の共有財産化し、地方自治研究の深化へとつなげられないだろうか。これが、上記シンポジウムを企画した際の筆者自身の問題意識であった。

なお、シンポジウム開催を決断する直接のきっかけとなったのは、二〇一三年六月二二日に開催した研究会における憲法学者・石川健治氏（東京大学教授）による「未完の『地方自治』論――戦後憲法学の可能性――」と題した報告である。本書所収の論文の中で飯島氏が詳しく紹介しているように、その報告の中で、石川氏は、「国民」と「住民」と「居住移転の自由」の三すくみ状態について言及され、これが解ければ四一条と九四条の問題も自ずから説明できるのではないかとして、「居住移転の自由」を真剣に議論していくべきであると指摘された。石川氏の指摘は、「住民」や「住所」に着目した「パラダイム・アプローチ」が地方自治研究のブレークスルーへの有力な道筋であることをわれわれに改めて確証させるものであったと同時に、上述の諸議論と「居住移転の自由」論とを接合していく必要性を示唆するものであった。上記シンポジウムにおいて飯島氏に「居住移転の自由」についてのご報告をお願いしたのは、そうした経緯による。かくしてシンポジウムの開催が実現した。

Ⅲ　各論文の概要

「Ⅰ　はじめに」で述べたように、シンポジウムの記録を活かしたのは討論部分のみで、各報告・コメントについては、論文形式で書き直していただいた。以下では、やや難解と思われる太田、金井、飯島各氏の論文について、その内容を要約し、読解の一助としたい。

A　太田論文の概要

太田論文は、〝地方公共団体の構成員とされる住民の相互関係はいかなる性格のものとして措定されるべきか〟という問いを立て、〝法制度上の地方公共団体の性格・地位に着目することによって、法が措定する住民相互間の関係を明らかにする〟という試みを行っている。

すでに触れたように、太田氏は、地方公共団体を「開放的強制加入団体」として理解しているが、日本の国法は、地方公共団体を「開放的強制加入団体」たらしめるための必須要素とは言えないものをも「前提（原則）」として保持してきた。それは、第一に、「個人の有する住所は単一であること」であり、第二に、「普通地方公共団体としての市町村が日本の国土に遍く存在すること」である。（ここでは便宜的に、前者を「住所単一テーゼ」、後者を「遍在テーゼ」と呼ぶことにしたい。）

以上を論じた上で、太田氏は、原発避難者特例法（以下、「特例法」と呼ぶ。）の分析作業に向かう。同法が地方自治法の定めに対する「特例」を定めるものである以上、その分析を通じて、それが前提とする「原則」も浮かび上がってくるはずだからである。

太田氏は、分析作業を通じて、〝特例法が、「当該住民の意思」次第で「住民の地位と住所との結合」を解除するという仕組みを設けることで、「定住の事実に基づく客観的な住所認定」という地方自治法の「原則」に対して「特例」を定めていること〟、〝それは、「現時点での住所だけが意味を持つ」という「共時的要素」に基づく住民認定という自治法の基本的発想に対する「特例」でもあること〟などを明らかにしている。[註15]

しかし、にもかかわらず特例法でも守り続けられた国法の「前提（原則）」がある。それは第一に、「個人の有する市町村住民の地位は一つに限られる」、すなわち、「個人は一つの市町村の住民にしかなれない」という前提である。第二に、「特例市町村を普通地方公共団体たる市町村として維持する」という前提である。前者は、「住所単一テーゼ」そのものであり、後者は、「遍在テーゼ」を前提とした上で、かつ、「帰還」という選択肢を放棄できないとすれば、採らざるを得なかったものである。

以上の分析を踏まえた上で、太田氏は、冒頭の問いに対する回答へと向かう。まず、自治法は、「居住（生活の本拠の設定）という各人の決定に基づかせて住民の地位を与え、これらの者の共時的な生活の共同を基礎に強制加入団体としていわば後から連帯させる構想」を有しているという。しかし、「その時々の生活の共同という共時的な要素」だけでは住民相互の連帯を基礎づけられないことを示しているのが特例法であり、また、地方自治法も、（財産区のように）共時的な要素だけに着目して地方公共団体を編成しているわけではない。

そこで、太田氏は、冒頭の問いに対し、「地方公共団体（とりわけ市町村）の基礎に措定されるべき住民相互の連帯として、現在の居住に基づく生活の共同という共時的な要素を基礎とする連帯を基軸としながら、時間軸の中に位置づけられる現象、過去の生活の記憶・将来の生活の構想に基づく連帯も併用する形で観念される住民相互の連帯」という回答を与えるのである。さらに、これを踏まえる形で、太田氏は、指定市町村の活動についての考察を行っているが、これについての要約は紙幅の関係で割愛したい。

B　金井論文の概要

金井論文は、「住民」概念を「対象住民」「公務住民」「市民住民」に分けた上で、「対象住民」の側面に即して「居住移転の自由」「住所」「自治体」「空間」などについて検討を加えることによって、日本の地方自治法制が暗黙裡に前提としている「パラダイム」の傾向性あるいは偏向性を明らかにしている。その具体的な作業は、大きく分けて次の二つからなる。

第一に、日本では、「住所」は一カ所とされ、「生活の本拠」がそれであるとされるが、その内実はどのようなものであり、また何ゆえにそのように落ち着くことになるのかという理由を明らかにする、という作業である。

金井氏によれば、「住所の措定」は「政治体制の便宜」によるものであるが、註16 人は時間軸の中で移動するため、どこを「住所」とすべきか簡単には決まらない。そこで、一定の時間幅を設定した上で、その期間における生活面での拠点性（＝個人移動軌跡の中心性）に着目することになるのだという。そして、生活面での拠点性は、「世帯」（「家庭」「家族」）の「消費生活」に着目して認定されることになる。というのも、社会構成員全員が「生産活動」に従事するわけでないことから、悉皆的掌握のためには「消費生活」に着目する必要があるからである。そして、消費・支出活動は世帯ごとに共同で行われているため、「世帯」を単位としてそれを把握することが有益なのである。

第二に、自治体は行政対象である自然人をどのように分業しながら管轄しているのか、なぜそのようになっているのかを明らかにする、という作業である。

金井氏は、まず、特定の住所を定置せずに、人間の「現在地」によって管轄を決める「ゾーン・ディフェンス方式」（＝「現在地主義」）と、特定の人間に特定の自治体を一対一で専属的に割り当てる「マン・ツー・マン・ディフェンス方式」（＝「所属主義」）とを二つの理念型として措定する。そして、現実の自治体による分業管轄方式は、両者の折衷としての「ゾーン・マン折衷ディフェンス方式」となっているとする。「ゾーン・ディフェンス方式」では、行政対象である人々の移動に応じて自治体間で管轄変更をしなければならないが、すべての移動に対して的確にそのような対応を行うことは困難だからである。

ところで、「現在地」と「住所」のいずれによるにせよ、自治体は、「区域」を媒介として、行政対象を国によって強制的に割り当てられている。これは、潜在的行政対象としての人間が現実の行政対象から漏れてしまうことのないようにするためである。漏れをなくすには、悉皆掌握が必要であり、「重複・空隙なく全国に遍在する区域」を媒介とするというのが、それを担保する有益な方法なのである。

以上のように、金井氏は、「住所」や「区域」（空間）を軸に、日本の地方自治法制が暗黙裡に前提としている「パラダイム」に「政治体制（統治）の便宜」という性格が色濃く刻印されていることを明らかにしている。金井氏によれば、そうした性格を隠蔽あるいは緩衝するためにこそ、「自己統治」あるいは「自治」の擬制が、日本の地方自治法制に内在的に埋め込まれているのだという。

では、そうした地方自治法制のパラダイムから離脱することは可能なのか。金井氏は、「おわりに」で、区域や空間が自治体という存在にとって必ずしも必要であるとは限らないと述べ、その可能性を肯定する。その上で、区域や空間を自治体の要素としない場合の制度設計上の課題等について試論的に論じている。

C　飯島論文の概要

飯島論文は、右で言及した石川氏の報告に示唆を受ける形で、〝日本国憲法が、個人の「居住移転の自由」すなわち「個人の住所からの解放」（二二条一項）と「住民という資格における政治参加」（九三条）を同時に保障していることは、どのように説明されうるか〟という問いを設定している。この問いに回答を与えるべく、まず、「居住移転の自由」をめぐる議論状況の整理作業が行われる。

具体的には、まず、「居住移転の自由」を基本的に自由権的側面から位置づける憲法学の議論がレビューされた上で、生存権的側面から位置づける私法学における居住権論および公法学における生活権論がレビューされる。憲法学の議論が「個人＝国民の経済的自由を基本とする居住移転の自由論を関心事とするにとどまる」のに対し、生存権的側面に着目する議論（特に公法学における生活権論）は、「個人が公権力によって妨げられることなく移動しうるという単なる自由に満足することなく、個人の生存権の保障とその対である国家（国および地方公共団体）の責務を追究しようとするもの」であるという。

「行政サービスによる生活利益」の確保を求める後者の議論は、「居住移転の自由」との関連で言えば、「個人が自らの区域内に住所を定めるか否かという流入ないし流出の局面」における「地方公共団体によるそのコントロールないし誘導」に目を向けさせてくれる。そこから、「居住移転の自由」と「住民という資格における政治参加」が憲法で同時に保障されたことの意味合いが一定程度見出せそうである。

しかしながら、飯島氏によれば、第一に、生存権的側面に着目する議論は、住民という資格を念頭に置くものではなく、国もまた責任主体となっていること、第二に、「居住移転の自由」を保障するため、「住民という資格」を持つ者とそうでない者との間には平等的取り扱いが強く要求されることがあること、第三に、住民という資格に対応して提供される行政サービスはさほど多くないことから、「決め手」にはならないとされる。

そこで、参政権的側面から「居住移転の自由」を位置づける議論に期待がかけられることになる。というのも、現に、憲法学者の中に「居住移転の自由」を「政治参加のプロセスに不可欠な権利」として明快に位置づける者がおり、また、実務家の中にも先に紹介した山﨑氏のような議論を展開する者がいるからである。しかしながら、三つの現行実定法制度に関する判例を吟味した結果見えてくるのは、いずれも「日常生活との密接な関連性」といった生存権的側面から論じられており、参政権的側面からは論じられていない、という点である。

では、近年、景観等を「個人の利益に還元されえない地域住民全体の利益そのもの（共同利益）」であり、「あらかじめ決定できない、ないし、決定すべきでない利益」ととらえ、「住民の参加・協働という手続を介することによって、それぞれの住民の主観的価値を統合し、公益として形成・決定」するという、「土地」を媒介とした議論はどうか。確かにこれを肯定する判例も存在するものの、近代立憲主義に立脚する憲法学との対話可能性を考えると、これもとりにくい議論であるという。

かくして飯島氏は、「居住移転の自由」論から直接的な回答を導き出すという「正面突破」は難しい、という判断に至る。そこで、「居住移転の自由から地方自治を組み立てることができるか、できるとしたら、どのような組み立て方がありえ、そのことがどのような意味を持ちうるか」というふうに問いに若干の修正がなされる。

この問いへの回答に当たっては、「領域社団法人」概念がその「補助線」として用いられる。地方公共団体を「領域社団法人」と見なせば、「法人の構成員（地方公共団体の住民）は、法人が実現すべき構成員の共通利益を自ら決定するという秩序形成の自由＝責務を有する」ことの説明がつくからである。その上で「居住移転の自由」との関係で、「住むこと」への注目がなされる。第一に、「住むこと」は、「土地」という共同財産の「利害関係者」という位置づけとともに、これが空間秩序形成に参与する権利と責務を住民に与えるとされる。第二に、「住むこと」は、（それが継続されることで）「自らの属性ないしアイデンティティ」を住民に付与するという。

かくして、「居住移転の自由」、特にそのうちの居住に力点を置いた形で地方自治の組み立てを考えると、「区切られた空間ゆえの同質なものとの相互扶助を介した地方自治像」が上記問いへの回答として浮かびあがってくるのである。

D　小括

以上、各論文の内容を要約してきたが、いずれも「パラダイム・アプローチ」の持ち味がよく出ている点では共通している。しかし、各論文にはさまざまな次元で違いも見られる。

たとえば、行政法学と行政学、それぞれの学問的アプローチの違いにもよると思われるが、太田論文と飯島論文が法制度あるいは判例の分析を通じて「あるべき自治の姿」を抽出することに力点があるのに対し、金井論文は、法制度の背景にある考え方・価値観・規範・論理をクールに抽出し、その傾向性・偏向性を明らかにすることに力点がある。

他方で、太田論文が連帯を強調しつつも「開放性ゆえの束縛のない──すなわち自由な──生活の共同を介した地方自治像」[註17]を提示しようとしていると評されるのに対し、飯島論文は、「閉鎖性（区切られた空間）ゆえの同質なものとの相互扶助を介した地方自治像」を提示している。その意味では、太田論文と飯島論文とを対比的に読むこともできる。

さらに、これは、「第五章　討論」の議論のポイントになっているが、太田氏と飯島氏が地方公共団体を領域社団法人としてとらえ、住民をその構成員と見なしているのに対し、金井氏は、自治体を機構ととらえ、住民をその構成員と見なすとらえ方をしていない。すなわち、基本的な概念用法にも大きな違いがあるのである。[註18]

こうしたさまざまな次元での違いは、まさにそれ自体が興味深く、そこに重要なポイントが潜んでいると思われるのだが、読者にとっては体系的な理解の障害となるかもしれない。この点で、有益な整理軸を示し、体系的理解の一助となるのが、本書所収の阿部論文（「第四章　コメント——自治体の『区域』と『住民』をめぐって——」）である。示唆に富むので、是非、参照願いたい。

Ⅳ　おわりに

約二十年にわたって、分権改革が続いている。この間、頻繁に繰り返される制度改革をめぐって論評的論文が数えきれないほど公刊されてきた。それが分権の制度設計をめぐる理論水準を高めることに貢献してきたことは間違いない。

しかしながら、そこには大きく二つの問題があったと筆者は感じている。

一つは、「集権＝悪、分権＝善」という単純な図式が前提とされ、分権改革をどう実現するかという点にばかり関心を寄せてきた点である。そこでは分権に伴うマイナス面をどうカバーしていくのかといった視点は脆弱であった。また、分権によって自治体現場にどういう変化が生じるのか、どうすれば改革の成果を活かせるのかといった面への関心も概して乏しかった。

もう一つは、どうしても議論が適時的なものになりがちで、日本の地方自治法制の諸前提を根源から問い直すようなスタンスが十分でなかったという点である。その結果、次々と制度改革が繰り返される中で、「日本の地方自治法制のかたち」がどう変容しているのか、あるいは、していないのかを的確に受けとめる道具立てが十分用意されてこなかったのではないだろうか。

本書に先立って公刊された『分権危惧論の検証――教育・都市計画・福祉を題材にして』および本書『地方自治の基礎概念――住民・住所・自治体をどうとらえるか？』は、まさにこの二つの問題状況にそれぞれ対応せんとするものである。この二冊の刊行が、学界にとっての刺激となり、地方自治研究の深化につながることを期待し、本章を終えることにしたい。

1　太田匡彦「住所・住民・地方公共団体」『地方自治』七二七号（二〇〇八年）。
2　原島良成「地方公共団体の住民――その法的地位（一）」『熊本ロージャーナル』六号（二〇一一年）。
3　斎藤誠「憲法と地方自治――分権と自己決定」『法学教室』二四三号（二〇〇〇年）。同論文は、斎藤誠『現代地方自治の法的基層』（有斐閣、二〇一二年）に収録されている。なお、「機関適正な垂直的権力分立論」は、同書所収の「地方自治の手続的保障」の中でも言及されている。

4　やや理解しにくいかもしれないので、斎藤論文からは離れるが、環境規制の例を示しておきたい。地域的条件には、地形・気候等の物理的条件、生活パターンを含む社会的条件がある。これらの地域的条件が異なると、各人のリスクに対する曝露量（有毒物質にさらされる量）も変わってくることになる。たとえば、大気汚染の場合、排出物を風が流してしまうような条件では、厳しい規制は必ずしも必要ではない。他方、山に囲まれた地域では、排出物が蓄積するので厳しい基準が必要になる。また、人口密集地域と人口過疎地域でも必要な環境規制は異なっている。こうした場合、地方公共団体に基準設定に関する一定の権限を付与した方が適正かつ有効な規制を行うことができるのである。参照、城山英明「環境問題と政治」苅部直＝宇野重規＝中本義彦編『政治学をつかむ』（有斐閣、二〇一一年）二七六〜二七七頁。

5　斎藤・前掲註（三）（『現代地方自治の法的基層』）七三頁。

6　名和田是彦「都市と領域的秩序」『法哲学年報』一九九九年度（二〇〇〇年）。

7　本書一三八〜一三九頁。

8　筆者はこのことを、詩人・谷川俊太郎氏を通じて知った（参照、谷川俊太郎＝石牟礼道子ほか「（座談会）漂泊と定住のはざまで」『平凡社カルチャーtoday〈三〉住む』（平凡社、一九七九年）一一〜一二頁）。確かに、大野晋ほか編『岩波古語辞典（補訂版）』（岩波書店、一九九〇年）七二三頁によれば、「棲み」「住み」と「澄み」は同根であるとされる。

9　飯島淳子「住民」『公法研究』七五号（二〇一三年）。

10　主なものとして、今井照「『仮の町』構想と自治の原点」『ガバナンス』二〇一二年九月号および今井照『自治体再建――原発避難と移動する村』（ちくま新書、二〇一四年）を挙げておきたい。

11　なお、このうち、納税をめぐっては、今井氏は、現に「ふるさと納税」の仕組みが存在するのであり、この考え方を活用すればよいと主張している。ただし、「ふるさと納税」をめぐっては、元・総務大臣の片山善博氏（慶応大学教授）による「決定的」とも言える批判があり、これを看過することは許されないだろう（参照、片山善博「自治を蝕む『ふるさと納税』」『世界』八六一号（二〇一四年））。

12　ちなみに、国家についても同様の議論がある。すなわち、今日では、「領土、国民、主権」が「国家の三要素」とされるが、古代ギリシャやローマにおいては、領土（土地）は国家の本質的要素とは見なされず、国家とは市民たちの集合体のことを指していた（参照、宇野重規『西洋政治思想史』（有斐閣、二〇一三年）一三頁）。

13　金井利之「『空間なき市町村』の可能性――原子力発電所が存在するなかで市町村が向き合う課題」『自治体学』二六巻一号（二〇一三年）。なお、原発事故に伴う中長期的な生活再建方策を論じた、金井利之「住民生活再建と住民登録の在り方」『学術の動向』一九巻四号（二〇一四年）も、合わせて参照されたい。

14　本書一〇二頁。

15　このほか、住民の地位に基づく、長・議会の選挙への参加を通じた地方公共団体の決定への参与（日本国籍を持つ場合）については、「原則」が維持されているという。（ただし、住所移転者協議会を通じた参加については、特例を定めたものとみなせる。）一方、住民の地位に基づく役務提供の享受・費用分任については、「原則」と「特例」とが組み合わされているという。

16　金井氏によれば、行政対象を分業・仕分けをする際には、「空間帰着」させる必要がある。「空間帰着」には、①内在的に空間に固着している行政対象である「物的空間」と、②空間固着していない行政対象を便宜的にある空間に投影させた「空間投影」とがある（参照、金井利之「空間管理」森田朗編『行政学の基礎』（岩波書店、一九九八年）一七〇～一七一頁）。この整理に基づけば、「住所の措定」は、「空間投影」のための方法の一つであると言えよう。

17　これは、本書所収の飯島論文における、太田氏の議論を念頭に置いて評したと思われる表現を借用したものである。ただし、筆者自身は、「第五章　討論」の最後のところでも触れているように（参照、本書一九八頁）、太田氏の議論に〝その開放性ゆえに、異質なものとの共存性とそれに基づく多様性を宿す」地方公共団体像〟を見い出せるのではないかと考えている。

18　これは、山下茂氏（明治大学教授）によって「地方自治単位のとらえ方」をめぐるフランス系（大陸系）とUK系の違いとして指摘されている点である。参照、山下茂『体系比較地方自治』（ぎょうせい、二〇一〇年）二八～二九頁および四七五～四七六頁。

第一章　居住・時間・住民

――地方公共団体の基礎に措定されるべき連帯に関する一考察

東京大学教授　太田　匡彦

Ⅰ　課題と方法

地方公共団体の構成員とされる住民の相互関係はいかなる性格のものと措定されるべきか。本報告は、これを開放的強制加入団体という地方公共団体の性格[註1]を踏まえながら考察する。本報告の目標は、法制度上の存在としての地方公共団体の性格から、法は住民相互の関係としてどのようなものを措定しているか考察することにある。実際に存在する住民相互の関係の社会学的考察を目的とするのではない。この両者の差は、一方で、住民相互が実際に形成する関係に基づいて地方自治が行われる際にそのありようを批判的・規範的に評価する手がかりとして、[註2]他方で、地方自治に何かを規範的・政策的に期待する際にその現実的な可能性・合理性を評価する手がかりとして用いられるべきであろう。

本稿は、この課題を考察するにあたり、いわゆる原発避難者特例法（以下、特例法）[註3]に着目する。地方公共団体の性格・地位との関係で特例法は何を特例としたのか、なぜそのような特例が必要だったのか。他方で、どのような原則は維持し続けているか。本稿はこれらの諸点を手がかりに上記の問題を考察する。なお、本稿は、地方公共団体として市町村に焦点を合わせる。

Ⅱ　開放的強制加入団体としての地方公共団体と避難者特例法

A　開放的強制加入団体としての地方公共団体

一　開放的強制加入団体を成り立たせるもの

まず、開放的強制加入団体という地方公共団体の性格を成り立たせる要素を確認する。

第一は、住所のみを住民の要件としていることである。第二は、この住民の要件が地方自治法（以下、自治法）という国の法律により定められていることである（以上につき、自治法一〇条一項）。以上の二つの特色をまとめると、ある個人が地方公共団体の住民であるという関係は、当該個人の当該地方公共団体への加入意思によらず、また当該個人を当該地方公共団体の構成員として承認するという当該地方公共団体の決定にもよらず、ただそこに住所を定めたという事実に他者たる国の法律が与えた効果として自動的に発生する。このことから、地方公共団体を開放的強制加入団体であると特色づけることができる。[註4]

しかし、このような性格を地方公共団体が持つことを可能とする今一つの前提があり、これが第三の要素となる。それは、地方公共団体が区域を有することである。これにより、個人がある場所に住所を有するという事実が、当該場所を区域に含む地方公共団体の住民という地位を当該個人が有することへと変換される。[註5] つまり、地方公共団体の区域が住所という事実を住民という地位へ媒介する。ある個人がどこの地方公共団体の住民となるかを具体的に決定するのはそれぞれの地方公共団体が有する区域であり、区域は「地方公共団体の住民の範囲を画する機能」を持つ。[註6]

二　開放的強制加入団体としての地方公共団体の前提ではないもの

これに対し、以上の三点以外は、ある地方公共団体が上記の意味での開放的強制加入団体であるために必須の要素とは考えられない。後の考察との関係で重要な点を二点指摘しておく。

第一に、個人の有する住所が単一であること（複数の住所を有せないこと）は、ある地方公共団体が開放的強制加入団体であるために必須ではない。仮に市町村の住民を決定する文脈において個人が複数の住所を有するのであれば、個人は複数の市町村の住民と位置づけられるだけである。確かにⅡ・B・四・(a)で見るように、個人は一つの市町村の住民にしかならないと解されている。しかし、この解釈は、地方公共団体が開放的強制加入団体であることと別の根拠に基づくと考えねばならない。

第二に、地方公共団体が日本の領土に遍く存在することも、地方公共団体が開放的強制加入団体であるための前提ではない。もし日本の領土において市町村の存在しない地域（国直轄地域）があるとすると、当該地域に住所を有する人は自らが所属する市町村を有さないことになる。しかし、市町村のある区域に住所を有する人が法律の定めに基づき強制的に当該市町村の住民とされること、つまり市町村が開放的強制加入団体であることは変わらない。すなわち、地方公共団体が日本の領域に遍く存在することは、地方公共団体が開放的強制加入団体であることの前提ではない。もっとも、現在、日本の施政権が及んでいる領域で市町村に属さない区域は存しない。この結果、日本に居住し住所を有する個人は、必ずいずれかの市町村の住民である。しかし、これが憲法上の要請か、そうでないとしても何らかの根拠に基づくものかという問いは、地方公共団体が開放的強制加入団体であることとは別の問題として考察されねばならない。[註7]

B　住民の地位と原発避難者特例法

では、特例法は、いかなる特例を定め、地方公共団体にいかなる問題を投げかけているだろうか。

一　住民の地位と住所、住民の地位に係る個人の意思

(a)　特例法は、一方で同法三条一項に基づき指定された市町村（以下、指定市町村。避難元市町村ということもある）[註8]の避難住民[註9]に対して避難場所を指定市町村へ届け出ることを求め（特例法四条）、他方で「法律又はこれに基づく政令により当該指定市町村又は指定都道府県が処理することとされている事務のうち避難住民に関するもの[註10]であって、当該指定市町村又は指定都道府県が処理することが困難であるもの」で、指定市町村の長又は指定都道府県の知事の届出を受けて総務大臣の告示がなされたものを特例事務とする（特例法五条）。以上を前提に、指定市町村の長又は指定都道府県の知事は、この特例事務について、「避難住民の避難場所をその区域に含む市町

村又は都道府県であって法律又はこれに基づく政令により特例事務と同種の事務を処理することとされているもの」（以下、避難先地方公共団体もしくは避難先市町村。特例法上の用語は避難先団体）「の長に当該避難住民の氏名、出生の年月日、男女の別、住所及び避難場所を通知することにより、当該避難先団体が処理することとすることができる。」（特例法六条一項）。これを特例法の基本構造と理解できる。

(b)　この基本構造および避難住民という用語（住民の言葉が用いられていること）に照らせば、特例法は、避難住民が指定市町村、つまり避難時点で住民であった市町村の住民であり続けることを前提にしていると考えられる。[註11]

避難元市町村の区域内に居住していないことが避難住民の前提であるから（特例法二条二項）、避難住民は避難元市町村に住所を有していると単純には言えない。もとより、住所の認定には定住の意思も勘案されるから、区域外に生活の拠点が移動したとしても、短期的な避難であれば、住所も区域外に移ったと理解する必要はない。[註12]しかし、長期にわたることが予想される今回の避難について指定市町村の区域外で生活しつつも生活の本拠はなお指定市町村の区域内にあると理解するには、定住の意思を重視したかなり強引な認定を必要としよう。[註13]むしろこれまでの一般的見解に従う限り、定住の意思を重視すること自体に違和感を拭えない。住所認定においては定住の事実がまずは重視されてきたからである。[註14]とすれば、住所の所在が不明確になったりそれをめぐって争いが生じたりすることで併せて不安定になりかねない住民の地位のあり方を明確化する特例を設ける理由はあり、特例法はその基本構造それ自体により、住民認定に関し自治法に対する特例をまず置いたと解される。[註15]

もっとも、特例法がここに用意した特例を、住民たる要件である住所の認定のあり方を操作する特例とは断定できない。特例法はそのような特例を明示しているわけではなく、区域外に長期避難することとなる避難住民も避難時に居住していた指定市町村の住民として扱い続けることを前提とするのみである。また、避難住民は指定市町村の住民であり続けなくてもよい。彼らはいつでも、指定市町村に転出届を、またその時点での居住市町村に転入届を提出することで、避難住民でなく住所移転者（特例法二条四項）、すなわち避難先市町村の住民になることができる。[註16] つまり指定市町村の住民であり続けるか否かは、避難住民の意思に委ねられている。以上からすれば、特例法が自らの前提として導入した特例は、住民の地位を住所に係らせるという住民の地位と住所との結合を指定市町村の避難住民について解き、指定市町村の住民の地位を個人の意思に依存させるものと理解すべきだろう。これは、指定市町村の構成員たる住民の地位の存続を当該住民の意思に委ねる点で、指定市町村の任意団体化とも言える。[註17]

(c) 他方、この特別扱いは、避難先市町村が避難住民について生活の本拠は自らの区域にあるとしてその住所を認定し自らの住民基本台帳への職権記載を行い自らの住民とすることを防がなければ、完璧ではない。とすれば特例法は、明示の規定を持たないけれども、その趣旨に照らして、避難先市町村が職権で避難住民を自らの住民基本台帳に記載することも禁じていると解すべきである。その限りで、避難先地方公共団体の住民である要件も一部変容を蒙っている。すなわち、避難先市町村の住民は、その区域に住所を有する（と判断される）者の中から指定市町村の避難住民を除くという形でいわば縮減されている。

(d) もっとも、強制加入団体がその基礎に何らの任意団体的性格も有さない、とは言えない。何らの合意（任意的参加）もないところに強制加入団体を構成することは困難であろう。[註18] 通常の地方公共団体も、居住移転の自由の行使としての住民の転出を禁止できず、強制加入団体だとしてもその存続は挙げて住民の居住という任意の行動に依存する。とすれば、以上に見た特例は、原則通り定住の事実を重視した客観的住所認定に基づく住民の地位の付与・剥奪を行い強制加入団体としての地方公共団体という原則を貫くと、指定市町村の存続が危ぶまれることを考慮して、そこにも措定される任意団体的性格を呼び覚まし、住民の地位を当該住民の意思に依存させる（その反面として避難先市町村の住民要件も縮減させる）特例と理解できる。以上のように考えると、この任意団体的性格をも有する地方公共団体を基礎づける住民相互の関係がいかなるものかという本稿の課題が次の問題として浮上する。これはⅢで考察する。

二　特定住所移転者

特例法は、上記の住所移転者につき、指定市町村の条例で定めるところによりこの者が希望したとき、特定住所移転者という地位をこの者に与える（特例法二条四項、五項）。この特定住所移転者に対し指定市町村・指定都道府県は、特例法一一条一〜三項に規定された活動を行い、国も必要な財政上の措置を講ずるよう努力するものとされている（特例法二一条四項）。また、特定住所移転者の中から指定市町村長が選任した者を構成員とする住所移転者協議会を条例により設置できるとし、[註19]その役割を定めている（特例法一二条）。

以上は、避難住民で現在居住する市町村（避難先市町村）の住民となった者とこれらの者がそれまで住民であった指定市町村・この当該市町村においてなお住民である者との関係の維持に特例法が意味を認めていることを示す。[註20]このような関係維持に期待されているものは、指定市町村の状況に鑑み、指定市町村（の住民）が自らの区域へ将来帰還する際（その時点での住民のみならず）元住民たる特定住所移転者にも帰還してもらうことであろうと思われる。[註21]

しかしながら、これは、自治法の定める住民の定め方とは異質である。Ⅱ・A・一で確認したように、自治法は地方公共団体の住民を住所によって、つまりその時々の生活の本拠によって特定している。この生活の本拠は時間軸の中で変動しうるもので、その変動自体は住民の決定に際して意味を持たない。つまり、現時点での住所だけが意味を持つ。[註22]故に、元住民は自治法上何の意味も認められない。自治法の定める住民は、あくまでも住所、つまり現時点での生活の本拠という共時的要素によって定められる。となると、特例法の定める特定住所移転者とそれに関する施策は、自治法の基本的発想に対する特例と理解すべきことになる。

しかも、特定住所移転者の地位は、あくまでも個人の希望に基づいて与えられる。[註23] 指定市町村の住民であった者は、特定住所移転者になる義務を負うわけではない。この者には、その時点で居住する市町村に転入届を提出してその住民となり指定市町村から脱退する自由があり、また特定住所移転者とならない自由を有する。これは自治法の原則に則った取り扱いであり、居住移転の自由のコロラリーと評価すべきものでもあろう。ただし、この自由の行使を、転出した指定市町村との関係のみならず指定市町村の住民との関係をも断ち切るものと理解すべきか否かという、本稿の課題に関わる問題が浮かび上がる。この点は、Ⅲで考察する。

三 避難住民が指定市町村に対して持つ諸関連と特例法

(a) 住民は、住民であることにより、役務の提供を受け費用を分任し（自治法一〇条二項）、（日本国籍を持つ場合には）長・議会の選挙への参加等を通じてその決定に参与する（自治法一一～一三条）。では、この基本的な諸関係のどの部分を、特例法は特例により守ったか、あるいは特例により逸脱したか。

住民の地位の取得・維持については、Ⅱ・B・一で見た特例により、原則からの逸脱が認められる。[註24] 他方、この住民の地位に係る特例により、地方公共団体の決定への参与については従来の原則が維持されている。指定市町村の長・議会の選挙に参加できる選挙権者は指定市町村の住民（避難住民も含む）にとどまり、この点で原則は維持されている。特定の行政活動について利害関係者あるいは公衆として元住民（住所移転者）が利益を表出し意見を表明するなどの形で関与することもあり得るにせよ、これも原則に則ったものである。後者の関与は、元住民故に認められたものではないからである。ただし、Ⅱ・B・二で確認したように、元住民は自らの意思に基づき特定住所移転者となることで住所移転者協議会を通じた参加もできる。[註25] これは、特例により元住民に特別の関与可能性を認めたもので原則に対する逸脱と言えよう。

(b)　役務の提供に関して、特例法は、いわゆる特例事務（参照、特例法五条）に関する定めを置き、Ⅱ・B・一(a)で見たように、避難先地方公共団体がこの特例事務を避難住民に対して自らの事務として処理することを認めている（特例法六条一～二項）。つまり、避難住民はこの事務につき避難先地方公共団体から役務の提供を受ける。この特例の意味は、それを囲繞する事務処理のあり方全般を視野に収めて考えねばならない。

避難住民に対して地方公共団体の行う役務の提供を考えた場合、一方で、原則通りに指定市町村が避難住民に対して処理を行う事務がある。例えば国民健康保険などが該当する。しかし、避難住民に対して原則通りに避難先地方公共団体が処理する事務もあり、例えば一般廃棄物の収集処理などが該当する。[註26]特例事務はこの二つの原則に加えて存在し、さらに特例事務と一旦は位置づけられるものの原則に戻って指定市町村が避難住民に対して処理する事務がある（特例法六条三項）。[註27]

紙幅とテーマに鑑みて、本稿は以上の諸類型が地方公共団体の事務と住民との関係で意味する結論だけを素描する。第一に、指定市町村が避難住民に対して行うことが原則の帰結である事務は、区域のない機能自治団体でも処理できる事務である。指定市町村がこれらの事務を被災前と変わらず避難住民に対して処理できる理由は、これらの事務が区域それ自体に対する事務処理の性格を持たない人的集団に対する事務であり、その人的集団が区域によって画されているに過ぎない点にある。他の基準によって事務処理の対象となる人的範囲が画されるのであれば、それを地方公共団体が行う必要もない。医療保険を健康保険組合でも行えることは以上を物語る。[註28]第二に、特例事務には幾つかの類型が認められるが、まとめてしまえば、(i)対象者の調査といった現実的接触を伴う活動、(ii)施設に対象者を集めて行う活動、(iii)施設の利用可能性の分配活動といった、人を対象とする事務の中でも即地性の高い活動を内容とする。この特例は、すべての避難住民に対してこのような活動を行う資源もしくは資源に対する管理権限を指定市町村が持てないと考えられるが故に特例とされている。[註29] 避難住民の居住場所を指定市町村は定められないのだからこの想定は合理性を持つ。ただし、資源およびその管理権限の有無が問題になっているのであれば、指定市町村の施設や役場（＝資源）が存在する避難先市町村に居住する避難住民に対しては、指定市町村は自分で事務を処理できると考えられる。特例事務の例外として原則に戻るのはこの場合である。[註30] 同時に、このような資源は地方公共団体しか有せないものではないから、特例事務も地方公共団体でなくとも処理できる事務である。[註31] 例えば特例事務の一つである児童生徒の修学等に関する事務を考えた場合、教育は区域を有さない私立学校によっても行える。

結局、原則に従った帰結であれ、特例事務であれ、特例事務の例外として原則に戻る事務であれ、指定市町村が避難住民に対して行う役務の提供は地方公共団体でなければ行えない事務とは言えない。また避難先地方公共団体が避難住民に対して行う事務の性格を考えると、避難先地方公共団体は、公衆衛生維持なども含む意味での区域の空間それ自体に対する管理（以下、空間管理）に係る事務について、[註32] それが（自らの住民でない）避難住民に対する役務の提供として表れようとも原則に従って担当していると理解できる。[註33] 他方、指定市町村の区域に含まれる空間管理は指定市町村でしか行えず、例えば復興計画の策定がこれに該当する。[註34] つまり、特例事務とそれを囲繞する事務の分析は、地方公共団体でなければ行えない事務とは区域を有すること自体の帰結というべき空間管理に係る事務しかなく、[註35] 住民に対する役務の提供は必ずしも地方公共団体でしか行えない事務ではないことを示す。[註36] 同時に以上の分析は、特例法が、避難住民に対する事務処理（役務提供）につき大がかりな特例を用意せず従前の原則に近い形を維持しようとするもので、従前の原則では困難な局面の事務処理に限って特例を用意したにとどまることを示すものともなる。

(c)　費用の分担について、特例法は特例を用意せず、災害救助法等に基づく特例扱い（各種公租公課・手数料の減免等）も、住民と地方公共団体との関係に関わる大きな変更をもたらしているとは思われない。つまり、原則通りの処理が行われていると言える。これは、避難住民が指定市町村に対して住民税等を負担する点のみならず[註37]、元住民も、さらには元住民でない者さえいわゆるふるさと納税を通じて指定市町村の費用の負担に任意に参加できる点についても当てはまる。[註38]

(d)　最後に帰還を見る。指定市町村の区域の居住制限が解除された場合、すべての者がそこに生活の本拠を移すことができる。つまり帰還ないし移住は、避難住民や特定住所移転者、元住民に限られず、全員に開かれている。そしてそこに生活の本拠を設定すれば自治法一〇条一項に従い住民となる。指定市町村はその区域が居住可能になるにつれて、開放的強制加入団体としての実質を取り戻す。ただし、そうした原則への復帰に伴って得られる住民は、それ以前の地位に着目した場合、避難住民であった者、特定住所移転者であった者、元住民であった者、その他に分類できる。これがいかなる意味を持ちうるか、Ⅲで考察する。

四　複数の地方公共団体と住民——国法が守り続けた原則

(a)　Ⅱ・B・一で述べたように、特例法は住民の地位に関する特例を用意していると理解すべきである。もっとも、その特例の下でも、特例法上の避難住民と住所移転者はあれかこれかの関係に立っている。[註39]すなわち、住所移転者は居住市町村（避難先市町村）の住民であって、避難住民、つまり指定市町村の住民ではない。このことからすれば特例法は、個人の有する市町村住民の地位は一つに限られる、個人は一つの市町村の住民にしかなれないという前提を持つと理解できる。

以上に述べた前提は、自治法も共有すると理解されてきた。自治法の解釈としてこの前提は、自治法上の住所は一つに限られるという形で通用してきた。[註40]もっとも、Ⅱ・B・一・(b)で見たように、特例法が住民と住所の結合を避難住民について解いたと解されることを考えると、自治法上の住所の数の問題とは別次元の論点として、ある個人が同時に複数の市町村の住民たりうるかを議論できる。このように考えれば、立法者の選択肢として、指定市町村は東日本大震災時点での自らの住民基本台帳の記載に基づき避難住民を自らの住民と扱い、他方で、これら避難住民の避難先地方公共団体は避難住民の住所を自らの区域内に認定して避難住民を自らの住民と扱う、つまり避難住民に二つの市町村の住民の地位を与える特例を設ける可能性もあった。しかし特例法はこの選択をせず、これまでの自治法解釈と共通の前提を維持し、その上で指定市町村の住民要件に係る特例を設けたと理解できる。

(b) もっとも、厳密に言えば日本法は、ある個人が同時に複数の地方公共団体の住民であることを認めていないわけではない。地方公共団体には、それが位置づけられる次元が観念されており、ある個人は、異なる次元に位置する地方公共団体相互においては、同時に複数の地方公共団体の住民でありうる。例えば、都道府県の次元・市町村の次元・財産区の次元は別であり、ある個人は同時にこれらの地方公共団体の住民でありうる。[註41]

このことは、特例法が維持した今一つの前提を明らかにする。特例法は指定市町村をその名が示すとおり普通地方公共団体たる市町村として維持している。だからこそ、個人は一つの市町村の住民にしかなりえないという前提を維持しながら指定市町村の避難住民を指定市町村の住民と位置づけ続けようとすれば、彼らは避難先市町村の住民でないとする法制にせざるを得なかった。指定市町村を普通地方公共団体たる市町村と異なる存在と位置づけるならば、自治法の解釈の基礎にある考え方を維持したままでも、避難住民を普通地方公共団体ではない存在としての指定市町村の住民であると同時に普通地方公共団体たる避難先市町村の住民と位置づけることも可能ではあった。

ならば、指定市町村が普通地方公共団体たる市町村と異なる存在となること、とは何を意味するか。ここでの文脈で指定市町村を普通地方公共団体たる市町村と異なる存在に変容させることとは、指定市町村と当該市町村の区域との関係を変容させることを意味する。避難指示対象区域であってもそれが他の市町村の区域でなく自らの区域である限り、指定市町村は普通地方公共団体たる市町村であり続ける。この場合、現在そうであるように、指定市町村が普通地方公共団体たる市町村であることを否定する理由がない。したがって、指定市町村が普通地方公共団体たる市町村と異なる存在になることは、Ⅱ・A・二で見た普通地方公共団体たる市町村が日本の国土に遍く存在するという現在の体制を維持する前提で考えるならば、指定市町村の区域が他の市町村の区域となることを意味する。この前提を維持しないとしても、上記の点からすれば、指定市町村が普通地方公共団体たる市町村と異なる存在となるためには、指定市町村は普通地方公共団体たる市町村の区域と同じ意味での自らの区域は持たない団体にならねばならない。端的に言えば、指定市町村は普通地方公共団体たる市町村としては（一旦）消滅し、他の市町村に吸収された上であるいは吸収されないまま[註42]、合併特例区・財産区に類する別の次元に位置づけられる自治団体、極端には健康保険組合のような区域を持たない機能自治団体に変容して実質的な存続を図ることになる[註43]。これは、普通地方公共団体としての市町村が自らの区域に対して持つ空間管理権能と同じ空間管理権能は持たない団体となることでもある[註44]。しかし、帰還という選択肢を放棄できないとき、帰還すべき自らの区域に対する権能の縮減・喪失へ繋がる選択を指定市町村は行いえまい。もとより、このような自治団体となったとしても、その経緯に鑑み、従前の区域に係る事務処理につき変容後の指定市町村に特別な関与・特例的な排他的管理権能を認めることも可能であろう。とはいえ、普通地方公共団体たる市町村と異なる存在となった指定市町村の当該従前区域に対する関与と権能を強めれば強めるほど、指定市町村を普通地方公共団体たる市町村として存続させることと何が違うのか、制度の簡便さ・見通しの良さのためにはそうすべきでないかという疑問に直面することになる。

Ⅲ　地方公共団体の開放性と住民の連帯

特例法に関する以上の考察を踏まえて、冒頭の課題へ趣こう。地方公共団体の構成員とされる住民の相互関係はいかなる性格の関係と措定されるべきかをまず一般的に考察し(A)、それを踏まえて指定市町村を取り巻く問題について得られる示唆を検討したい(B)。

A　地方公共団体に居住する住民相互の連帯

一　地方公共団体の基礎にある住民相互の連帯

地方公共団体が何らかの住民相互の連帯、あるいは共同体意識を基礎に置くことは一般に指摘される。例えば最高裁は、憲法上の地方公共団体と「いい得るためには、……事実上住民が経済的文化的に密接な共同生活を営み、共同体意識をもっているという社会的基盤が存在し、沿革的にみても、また現実の行政の上においても、相当程度の……地方自治の基本的権能を附与された地域団体であることを必要とする」と述べる（最判昭和三八年三月二七日刑集一七巻二号一二一頁。以下、昭和三八年最判）。[註45] 地方公共団体が強制加入団体であるとしても、連帯の基盤を全く持たない人々を強制的に連帯させることは困難であり、何らかの連帯を基礎に想定することは合理的であろう。[註46] 問題は、その連帯の基礎を如何に捉えるかにある。

二　ある地域に居住し生活を共にする連帯――住所に基づく連帯

昭和三八年最判は、先の引用部の後、当時の特別区が憲法上の地方公共団体と理解できないことの論証にあたり、特別区に与えられていた法的地位・事務権限に着目して歴史を辿っている。[註47] このため、上記引用部にいう社会的基盤、地方公共団体の基礎に措定されるべき住民の連帯をいかに捉えるべきか、判決を読み解く形で特定することは容易でない。

とすると、我々は、Ⅱ・A・一で確認した開放的強制加入団体という地方公共団体の性格に立ち戻り、とりわけ住所を住民要件とすることに伴う開放性に着目すべきであろう。共同体意識・連帯が個人相互間に共通する要素によって基礎づけられるという前提で、[註48] 自治法が住所という開放性の高い、すなわち時間の流れの中で変更しうるものを住民の要件としていることに着目すると、我々は、その時々における住民相互の生活の共同という共時的な事象こそが住民の連帯を根拠づけ、それが地方公共団体、特に市町村の基礎に置かれる連帯となっているとする理解に自治法は立つと解すべきであろう。また、住所が居住という各人の決定に基づき定まることを考えると、自治法は、時間軸の中で通時的に形成される住民相互の関係を（とりわけその内容の面に関し）固定的なものとして想定していると考えるべきではない。むしろそのような要素を極小化し、居住（生活の本拠の設定）という各人の決定に基づかせて住民の地位を与え、これらの者の共時的な生活の共同を基礎に強制加入団体としていわば後から連帯させる構想を示していると考えるべきだろう。[註49] これは、居住移転の自由を保障し、それを前提に政治を行う強制加入団体としての地方公共団体を構成する観点からすれば、[註50] 一つの合理的な選択と言える。というのも、この自由を実質的に守るためには、居住を誰かの、とりわけ先行して居住する者の許し・承認に依存させるべきではなく、それ故、それ以前に通時的に作られてきた何か（例えば伝統）を受け入れることを条件に初めて連帯に組み込むという発想に意味を持たせることはできないからである。

三　過去の記憶、将来の構想――ゴーイング・コンサーンとしての地方公共団体

しかし同時に、地方公共団体はゴーイング・コンサーンの性格を持ち、その基礎にある住民の連帯が、その時々の生活の共同という共時的な要素だけを基礎とするとも考えにくい。一方で実際問題として、同じ区域に生活するという共時的な要素だけで本当に住民相互の連帯が基礎づけられるかという問題があり、他方で政策問題として、その共時的な要素だけを基礎に地方公共団体を構成することが合理的かという問題がある。現実問題として、我々は新しく転入したその日から地域社会に溶け込んで生活するわけではない。また我々は、その時々の住民が将来に配慮せず行った政治決定を、例えば将来世代への責任という観点も踏まえて、考慮すべきものを考慮していないと理解し望ましくないものと評価するだろう。生活の共同という共時的な要素に基づく連帯が地方公共団体の基礎に措定されるという解釈は、地方公共団体の開放性に適合した連帯を探るが故であり、これが刹那主義的に機能することを望むものではない。

特例法に関するⅡ・B・一～二の考察は、地方公共団体の基礎に措定されるべき住民相互の連帯をその時々の生活の共同という共時的な要素だけに収斂させるべきでないことを示唆する。この法律が、なぜ避難住民について指定市町村の住民であり続けることを認め、元住民に特定住所移転者という特殊な地位を認める特例を用意したかを考えると、詰まるところ、時間軸の中にも市町村を基礎づける住民の連帯、つまり通時的な要素に基づく連帯があり、それが指定市町村の維持と復興に無視できない意味を持つと考えたからであろう。それは、これまで指定市町村の区域内で生活を共同で営んできた記憶、東日本大震災と福島第一原発事故による避難という経験、さらには帰還という将来の構想（希望）の共有、といった時間軸の中に位置づけられる要素の共有として理解される連帯であるように見える。

これは確かに、Ⅱ・B・二で見たように、住民の要件が持つ特色からすると異質なものを持ち込んでいる。し

かし、現在の地方自治制度における地方公共団体が、先に見た共時的な要素だけに着目して編成されているとも言えない。例えば財産区は、合併により消滅した市町村区域に居住する住民に財産・公の施設に係る特別の管理権能を認めるための存在と言え、過去の生活の共同が財産区の存在を基礎づけている。もっとも、その住民は財産区の区域たる市町村の一部区域に住所を有する者であり、市町村と同様の共時的な連帯に基づく開放性も認める。[註51]また合併特例区も、合併により消滅した市町村の記憶に基づく連帯を基礎としつつ財産区と同様の開放性をもち、さらに時限設置という特色を持つ。[註52]この時限設置という定めは、合併特例区の基礎にある、時間軸上の要素に着目した通時的な連帯は、市町村の基礎にある共時的な連帯にやがて統合されていくべきものとされていることを示す。[註53]

四　地方公共団体の基礎にある共時的な連帯・通時的な連帯の併用のあり方

以上の考察から、地方公共団体（とりわけ市町村）の基礎に措定されるべき住民相互の連帯として、現在の居住に基づく生活の共同という共時的な要素を基礎とする連帯を基軸としながら、時間軸の中に位置づけられる現象、過去の生活の記憶・将来の生活の構想に基づく連帯も併用する形で観念される住民相互の連帯が措定される。

では、この併用のあり方はどのように決定されるか。[註54]自治法は両方の要素も認めつつも、同法一〇条一項により共時的な要素を基礎とする連帯が基軸に置かれるべきことを示す。しかしそれ以上の併用のあり方の決定は、地方公共団体が自らの基礎にある連帯にいかなる働きかけを行うかの決定であり、住民自治に基づき定める以外ない。ここに自治法一〇条二項の意味も表れる。自治法一〇条二項は、地方公共団体が自らの基礎にある連帯に対してその事務処理を通してどのような形で作用を及ぼすかにつき、その限界を画する。自治法一〇条一項と一〇条二項はまさに併せて規定されるに値するのである。

B　指定市町村の現在の生活、将来の構想

一　問題の位置づけ

最後に、指定市町村の活動について以上の考察から示唆されるものを検討しよう。指定市町村の活動の特色は、その区域を離れて住民が生活しているため、通常であれば重なった形で行える、現在の生活の共同という共時的な要素に基づく住民の連帯に対する作用と、時間軸の中に位置づけられる要素、とりわけ将来の構想に基づく連帯に対する作用とが、いわば分裂した形で表れる点にある。前者の作用に関連する問題群がいわゆる町外コミュニティ・仮の町であり、註55 後者の作用に関連するものが復興計画の策定である。

二　仮の町・町外コミュニティ

指定市町村は、帰還までの地域のつながり、あるいはコミュニティを保持するために、町外コミュニティ・仮の町といった言葉で表されるものの形成を求めていると伝えられてきた。この町外コミュニティ・仮の町はいかなるものとしてありえ、どのような意味を持ちうるか。

Ⅱ・Bで考察したように、特例法を含む現行法制の下でも、避難住民はなお希望する限り指定市町村の住民であり、これらの住民によって長・議会の選挙は行われる。また、区域に対する空間管理の性格を持たない住民に対する事務で特例事務を除くものは、なお指定市町村が処理する。費用負担に関しても、避難住民は住民税を負担し、ふるさと納税を通して非住民でさえ参加できる。したがって町外コミュニティ・仮の町として何かを実現しようとするならば、（α）離れて居住する避難住民の関係を維持・強化する仕組みとして考えるか、一歩進ん

で（β）避難住民がまとまって住む地区を用意し住民相互の関係（住民の連帯）を空間上に明確に徴表させる仕組みとして考えるか、さらに進んで（γ）当該地区に対する空間管理権能を指定市町村が持つ仕組みとして考えるか、といった形で幾つかのパターンを考慮する必要がある。

αであれば、現行法の下でも可能であり、少なくとも制度としてそれを妨げるものはない。特例法一一条が特定住所移転者と指定市町村、特定住所移転者と避難住民の関係維持を目標とする定めを置く前提には、避難住民と指定市町村の関係、避難住民相互の関係の維持は当然に指定市町村が配慮するという想定があろう。また、αの変種もしくはβ・γの妥協として、何らかの施設（集会所など）を設け、それを指定市町村が管理することも考えられる。この施設は、住民の連帯を象徴・表現（representation）するよりしろとしての意味を与えられることになる。しかし、普通地方公共団体としての指定市町村のままでもこれを行うことができる。[註56]

住民相互の連帯をヨリ明確に空間上に表現し自らも認識しやすくしたいと考えると、ある一定の空間に避難住民が共に居住し生活の共同を示したいという希望が生じ、β・γの方向が出てくる。指定市町村の地位に着目した場合、βについては、指定市町村は普通地方公共団体のまま対応できる。γの場合、指定市町村が従前の自らの区域に対する権限を手放すことなく避難住民居住地の空間管理権限も欲するのであれば、その明瞭な形は避難住民居住地をいわば飛び地として自らの区域とすることであり、さもなければ避難住民居住地を自らの区域とする避難先地方公共団体の空間管理権限の行使に際して特別な関与を認めてもらうことを必要とする。いずれにせよ、指定市町村を普通地方公共団体としての市町村と異なる次元に位置づけられる存在とすることは必要でない。Ⅱ・B・四で確認したように、指定市町村を市町村と異なる次元の存在へ変容させるか否かは、指定市町村が自らの区域としてきた避難指示区域と当該指定市町村の関係を変容させるか否かの判断に依存する。とはいえ、以上が示すように、β・γの実現には、避難先地方公共団体が自らの区域に対して有する権限との調整が必要となる。[註57] その調整は、避難先地方公共団体の持つ都市計画権限などの空間管理権限の制限として表れるため容易ではない。このため、現実的な選択肢はβにとどまろう。実際にも、その方向で動いているように見える。[註58]

三　避難もしくは現在の生活、帰還・復興

(a)　指定市町村は自らの区域に対する空間管理も任務としており、この結果、指定市町村は、住民が現在居住できない自らの区域について復興計画を策定することとなる。しかし、この事務は、指定市町村の地方公共団体としての固有性を示す重要な意味も持つ。Ⅱ・B・三・(b)で見たように、指定市町村が住民に対して行う役務の提供は、指定市町村でなければ行えない事務ではない。地方公共団体は区域を持つ団体として区域の空間管理だけを自らしかなしえない事務とできる。

復興計画の策定は同時に、将来の構想を示す意味も持ち、時間軸の中に位置づけられる要素に基づく避難住民相互の連帯に対する作用でもある。このような形での住民の連帯の維持が指定市町村にとって重要な意味を持つと考えられることは、Ⅲ・A・三で確認した。避難住民は現在居住している市町村の住民となる自由を有するから、この要素に基づく連帯が機能しなければ、指定市町村が空中分解を起こすのではないかと不安が生じたとして不思議はない。

(b)　にもかかわらず、指定市町村も普通地方公共団体としての市町村であり、現在の生活を共同で営んでいるという共時的な要素に基づく住民の連帯を基軸とすることを忘れるべきでない。区域の空間管理、その代表としての復興計画の策定の必要性・重要性は認められるものの、その方向だけに関心・作用を向け、時間軸上の構想を共有できる者の連帯だけに住民の連帯を収斂させるべきではない。それは自らの性格に照らして疑問のある選択であるばかりでなく、復興計画に示された将来の構想を共有できない避難住民を指定市町村の基礎に置かれる

べき住民相互の連帯から振り落としていきかねない。[註59] 将来の構想を共有できない場合に住民が移転することは居住移転の自由のコロラリーでもあるが、指定市町村にとって致命傷ともなりうる。

(c)　この観点からは、特例法が避難住民・特定住所移転者・(単なる) 住所移転者のカテゴリーを用意した副作用も予想される。これは時間の経過の中で、避難住民を避難住民であり続ける者、一旦は居住する避難先市町村の住民となり、しかし特定住所移転者として一定の関係を指定市町村と保ち続けようとする者、避難住民であることを止め避難先市町村の住民となるにとどまる者に振り分けてしまう。Ⅱ・B・三・(d)で見たように帰還はむしろ移住としてすべての者に開かれているにもかかわらず、この振り分けは、見方によっては、指定市町村への「忠誠」あるいは避難者相互の連帯への「参加」の強弱を示すものと誤解・連想されかねず、かえって避難者間の連帯を阻害しかねない。[註60] 特に前二者は帰還を目指すと予想される点で共通するだけに、この危険は可能な限り回避すべきである。特例法もこの危険を意識していない訳ではなかろう。だからこそ特例法一一条二項は、「特定住所移転者と指定市町村の住民との交流を促進するための事業」に意味を認めていると解される。[註61][註62]

(d)　他方で、我々は、Ⅱ・B・四・(b)において、指定市町村を普通地方公共団体としての市町村と異なる存在に変容させることが、避難住民を指定市町村の住民としつつ避難先市町村の住民ともする政策的可能性を与えることもみた。この構成は、指定市町村の住民を時間の経過の中で振り分けることを避ける効果も持つ。避難住民は指定市町村の住民という地位を保存しつつ現在居住している市町村の住民として活動し、帰還の日を待つことができるからである。しかし同時に我々は、この選択肢が指定市町村とその区域との関係を変容させること、故にこの選択肢が現実的でもないだろうことも認識した。[註63]

以上を踏まえると、指定市町村を普通地方公共団体としての市町村としたまま避難住民に複数の市町村の住民となる道を開く制度、いわば純粋の二重住民票制度も解決を与えない。この制度により避難住民は、指定市町村の住民としての地位を保持したまま、避難先市町村の住民の地位も持てる。しかし、この制度の評価は、何を加入原因とするか・強制加入か否かを分けて考える必要がある。

第一に、複数の住所を認めることとし、後は自治法の原則に従って強制加入とする方法が考えられる。この場合、複数の住所が認められる個人――ただしそのような個人だけ――は複数の市町村の住民にならねばならない。しかし、市町村における住所の認定はかえって困難な作業となろう。この結果として、住民の奪い合い・押し付け合いが発生する危険も高まろう。[註64] このような地位の不安定さ・不明確さはそれ自体、個人にとって望ましくない。第二に、住所以外の原因に基づいて一つの市町村への加入を、住所に基づいて別の市町村への加入を義務付ける制度はどうか。[註65] しかし、この場合、前者の加入強制が違法の疑いを招く。前者の加入根拠は、おそらく区域内における過去の居住か財産の保持に求めざるを得ず、[註66] 脱退の自由、居住移転の自由、財産権[註67]を過度に侵害しよう。第三として、一つの市町村は義務的加入とし、二つめの市町村は加入するか否か個人の判断に委ねる制度が考えられる。[註68] この場合、ある市町村には、当該市町村の住民でしかない者と別の市町村の住民でもある者が存在することになる。[註69] これは、生活の共同の度合いが異なるという連想を招く可能性を持とう。これがそれぞれの市町村住民の基礎に措定される連帯にもたらす連帯の阻害という副作用は、特例法についてⅢ・B・三・(c)で確認したそれと同型である。[註70]

(e) 地方公共団体の基礎にある住民の連帯という観点から見たとき、指定市町村とその住民は以上の困難に直面している。指定市町村は、自らの固有性を基礎づける、しかし住民は居住していない区域に対する空間管理を行いつつ、区域を離れても処理できる事務、地方公共団体でなければ（＝自分しか）行えないわけではない役務の提供を初めとする事務処理を行い、自らの存続を図るために住民相互の連帯を維持し続けねばならない。この住民相互の連帯を維持するために、将来の構想を立ててこれを要素とする住民の連帯を図ること、区域を離れた避難住民に対する役務の提供を行いながら現在の生活の共同に基づく連帯の維持を図ること、その両者のバランスをとりながら自らを運営すること、これは指定市町村、つまり避難住民しかなしえない。国そのほかの存在は、助言は行えようが、それが迷惑でないという保障もなく、他方で問題を一挙に解決する地方自治制度（の改革）もおそらくない。ただ、敢えて言うならば、避難住民としての生活を共同しているという共時的な要素に基づく連帯に重心を認め、これを可能な限り維持すべく、復興としての帰還よりは避難住民の現在の生活に対する作用に重点を置くことも合理的な選択であるように思われる。[註71]その共時的な要素を基礎にする連帯の維持を重視する施策の中で基礎づけられ培われる連帯は、将来の帰還・移住への基礎ともならないだろうか。

＊本稿は、科研費基盤(A)「地方自治法制のパラダイム転換」（研究代表・木佐茂男九州大学教授）実証研究班が二〇一三年一一月三〇日に明治大学で行ったパネルディスカッション「住民・住所・居住移転の自由・自治」における報告原稿を加筆修正したものである。メンバー外の筆者に報告の機会を与えてくださった皆様、とりわけ依頼の労を執られた飯島淳子教授・嶋田暁文准教授に感謝する。同時に、この論考は、科研費基盤(B)「機能自治と地方自治の比較研究——自治の基礎理論のために」（研究代表・太田匡彦）の研究成果である。本稿は二〇一四年七月中旬に基本的に脱稿され編者に引き渡された。その後、二〇一四年一二月および二〇一五年一月に修正を行う機会を与えられたが、大がかりな修正は行わず、脱稿後に公表された論考や政治・社会情勢の変化に応接することはしていない。また、Ⅱ・三・(b)での考察を補充し、また内容的にも密接に関連するものとして、太田匡彦「区域・住民・事務——『地域における事務』の複合的性格をめぐって」『地方自治』八〇七号（二〇一五年）二頁以下がある。ただし、同論文の執筆は本稿脱稿後になされた。

1　参照、太田匡彦「住所・住民・地方公共団体」『地方自治』七二七号（二〇〇八年）二頁以下。

2　太田・前掲註（一）一四頁において、住民の要望と称するものに地方公共団体が単純に従うことが自己に与えられた性格と矛盾する行動を招く危険を述べた。

3　東日本大震災における原子力発電所の事故による災害に対処するための避難住民に係る事務処理の特例及び住所移転者に係る措置に関する法律（平成二三年八月一二日法律第九八号）。

4　詳細につき、太田・前掲註（一）三〜六頁を参照。本稿は、そこでの考察と同じく、地方公共団体を団体と捉え、住民をその構成員と把握する思考方法に従っている。これと異なる思考方法として、法学の分野でも、住民をまずは被治者（統治作用の対象者）として捉える思考から考察する原島良成「地方公共団体の住民──その法的地位（一）」『熊本ロージャーナル』六号（二〇一二年）一頁以下（一〜二頁）が現れており、また礒崎初仁ほか著『ホーンブック地方自治（第三版）』（北樹出版、二〇一四年）二三七〜二四一頁（金井利之）は、住民を、「自治体の主人」と性格づけられる「市民としての住民」、「行政対象としての住民」、「公務の担い手としての住民」の三つに分解して把握し、構成員の観念を用いない。しかし、法学的議論として考えた場合、地方公共団体の行う作用の対象・費用負担者・地方公共団体の区域内における公益的活動の提供者が地方自治法にいう住民には限られない一方で（したがって地方公共団体と関係を持つ私人を住民として一旦包括的に捉えた上でその性格を分割して論じる必要もない）、地方公共団体の機関・活動に関する正統性の淵源の一つが地方自治法に定める住民に求められるのは、住民を構成員として位置づけていることに基づくと考えられることに鑑み、またこれまでの公法学の伝統的思考にも従い、本稿は上記の思考方法を維持する。

　なお、住所を有する義務が個人に課されているわけではないことは、個人が住所を有する場合に当該住所の場所を区域とする地方公共団体に加入させられることに鑑みて地方公共団体が強制加入団体と性格付けられることと矛盾しない。個人に弁護士になる義務はないが、弁護士として活動しようとする個人は弁護士会に加入しなくてはならず（弁護士法八、三六条）、故に弁護士会が強制加入団体と性格付けられるのと同様である。また、住所認定における意思の取扱いに関し、後掲註（一四）参照。

5　ただし、区域を有さない団体であっても、それが管轄区域を持つ場合、当該管轄区域を媒介として当該管轄区域内に住所を有することを構成員資格の要件の一つとして機能させることは可能ではある。国民健康保険組合のような団体が管轄区域を持つものとして設立される場合を想像すると良い。

6　松本英昭『新版　逐条地方自治法（第七次改訂版）』（学陽書房、二〇一三年）九〇頁。地方公共団体の区域の決定については、自治法六条が、自律的な決定と他律的な決定の混合としてそのありようを示す。本稿は、この要素から読み取られるべき地方公共団体の性格については立ち入らない。

7　例えば、成田頼明「地方自治の保障」（一九六四年）同『地方自治の保障《著作集》』（第一法規、二〇一一年）一一八頁は、日本国憲法による地方自治の制度的保障に含まれる本質的内容として、「制度としての地方公共団体の存在の保障は、国土の一部にだけ地方公共団体が設けられていれば足りるとする趣旨ではなく、国土の区域がすべて地方公共団体の区域に分割されるとする趣旨であり、したがって、国土の中に、アメリカのコロンビア地区のように、地方公共団体の存在しない国の直轄地域を置くことは許されない」とする。また、宇賀克也『地方自治法概説（第六版）』（有斐閣、二〇一五年）三八～三九頁は、「日本国憲法は、すべての住民は、少なくとも一つの憲法上の地方公共団体に属することを念頭に置いているとみるべきであろう」と指摘する。この指摘を是認し、さらに日本国民に居住移転の自由が保障されているため居住できない地域を予め決めておくことが通常は困難であることを考えるならば、日本の領土（居住可能な空間）に遍く地方公共団体を存在させる体制は、宇賀の指摘する要請の実現を確実に可能にする体制であると言える。

なお、＊に記した研究会にて、金井利之教授から国土に地方公共団体を遍在させる政策と地方公共団体を開放的強制加入団体として構成する政策の関係につき、両者は論理的には互いを前提とする関係に立たないにせよ、共通する目的・関心に基礎づけられているのではないかという指摘を受けた。地方公共団体の遍在性を要請する法的根拠の有無については機会を改めて考えたい。

8　特例法三条一項は、「平成二三年三月一一日に発生した東北地方太平洋沖地震に伴う原子力発電所の事故に関して原子力災害対策特別措置法……により内閣総理大臣又は原子力災害対策本部長（……）が市町村長（特別区の区長を含む。）又は都道府県知事に対して行った」同項各号「に掲げる指示の対象となった区域をその区域に含む市町村であって、その住民が当該市町村の区域外に避難することを余儀なくされているもの」として総務大臣が指定した市町村を指定市町村としている。現在、いわき市、田村市、南相馬市、川俣町、広野町、楢葉町、富岡町、大熊町、双葉町、浪江町、川内村、葛尾村、飯舘村が指定されており、楢葉町、富岡町、大熊町、双葉町、浪江町、葛尾村、飯舘村が全域避難の状態にある。

9 「この法律において『避難住民』とは、指定市町村の住民基本台帳に記録されている者のうち、当該指定市町村の区域外に避難しているものをいう。」（特例法二条三項）。

10 特例法二条二項は、指定都道府県を、指定市町村の区域を包括する都道府県と定義している。

11 これは、特例法の立案者意思にも合致する。植田昌也「原発避難者特例法について」『地方自治』七六七号（二〇一一年）五六頁以下（六七頁）は、「『避難住民』とは、福島第一原子力発電所の事故を受け、警戒区域等が設定されたことにより、その住所地市町村の区域外への避難を余儀なくされた者であり、引き続き当該市町村の住民であり住民票を移していないものを指すが、『住所移転者』とは、同じく、その住所地市町村の区域外への避難を余儀なくされた者であるが、避難先の市町村に転入し、避難元市町村の住民ではなくなったものを指す」と述べる。

12 松本・前掲註（六）一三六頁は、「単なる滞在は住所を有することと区別すべきであり、この滞在が長期にわたるものであつても、たとえば、出稼者、災害による避難者等についてはその住所は別にあるものと考えられる」とする（なお、これは東日本大震災以前から示されていた解説であり、東日本大震災を念頭に置いたものではない。松本・前掲註（六）書の前身となった（参照、同書二頁）、長野士郎『逐条地方自治法』（学陽書房、一九五三年）八三頁には「単なる滞在は住所を有することと区別すべきであり、この滞在が長期にわたるものであつても、例えば入院中の患者、工場内に寄宿する工員、出稼者、災害による避難者等についてはその住所は別にあるものと考えられる」という記述がある）。

13 特例法一一条二項には、特段の定義なく、「指定市町村の住民」という文言が用いられており、これは特例法二条に照らせば、避難住民と指定市町村の区域に居住する（避難していない）住民となる。これが自治法一〇条一項の要件を満たす住民とあくまで一致すると考えるならば、特例法の下でも、避難住民は住所を指定市町村の区域内に置き続けていると解釈すべきことになる。第三〇次地方制度調査会第三二回専門小委員会（二〇一三年四月三〇日）における市町村課長の発言を見る限り、総務省はこの解釈を採用し、特例法にいう避難住民の住所は、避難住民であり続ける限り指定市町村の区域内にあり続けるという立場をとっていると解される（同専門小委員会議事録一二頁を参照）。これに対し、以下に本文で述べる立場は、自治法一〇条一項の要件を満たさず住所を指定市町村の外に置いていると解される者が避難住民にいたとしても、特例法はその者が転出届を出すまでその者を指定市町村の住民と扱い続けることにする特例を置いたと解する立場である。

14　松本・前掲註（六）一三五〜一三六頁は、住所、すなわち「生活の本拠であるか否かの認定は、客観的居住の事実を基礎とし、これに当該居住者の主観的居住意思を総合して決定することとされているが（……）、解釈としては客観的事実を重視すべきである（……）」とする（小高剛「一〇条注釈」成田頼明ほか編『〔全訂〕注釈地方自治法』（第一法規、二〇〇〇年）（加除式）五〇八〜五一〇頁も同様の立場をとる）。住所認定方法の基本的な視点を提供している民法二二条の解釈においてはいわゆる客観説が通説と言ってよく（ただし本人の意思も補足的に考慮され住所認定の参考資料とされる）、判例も客観説に向かっていると言われている（山崎寛＝良永和隆「二二条注釈」遠藤浩＝良永和隆編『民法総則（第六版、基本法コンメンタール）』（日本評論社、二〇一二年）七二〜七三頁）。このことに鑑みて、松本の理解もこの立場と大きく変わらないと理解すべきであろう（この点で松本の議論（その基礎にある行政実務の立場）と判例の理解とを対照的に捉える原島良成「一〇条注釈」村上順ほか編『地方自治法（新基本法コンメンタール）』（日本評論社、二〇一一年）五七頁にはやや疑問が残る）。また、いわゆる主観説を採る場合も、住所設定の意思を客観的にみて合理的な意思と理解する立場が現在では残っていると理解すべきであろう（参照、石田喜久夫＝石田剛「二二条注釈」谷口知平＝石田喜久夫『新版注釈民法（一）総則（一）（改訂版）』（有斐閣、二〇〇二年）四〇四〜四〇五頁。石田喜久夫『口述民法総則（第二版）』（成文堂、一九九八年）七七〜七八頁も参照）。したがって、避難が長期にわたった場合に、定住の意思、ひいては生活の本拠が避難先に認められることもありうると考えておく必要があると思われる（後掲註（六四）で紹介する大阪地判昭和四四年四月一九日行集二〇巻四号五六八頁は、居住できない場所に対する定住の意思が無意味なものとされてしまうケースがあることを示す点で参考になろう）。

また、その際、災害による避難であるにもかかわらず住所を避難先に認めることが居住移転の自由に反するとまでは言えまい（これに対し、そのような立場を示すものに、金井利之「住民生活再建と住民登録の在り方」『学術の動向』一九巻四号（二〇一四年）八一頁以下（八五頁））。ある種の運命によって移転せざるを得なかったとしても、その運命を掴まえて自由の侵害とは言えまい。先天的な障害を持って出生した人を捉えてそのことだけで人権が侵害されているとは言えないのと同様である。ただし、その障害者には必要が多く存在し、この必要への対応がなされない場合に生存権その他の人権侵害を観念することが正当であるのと同様に、このような形での移転がもたらす特別の必要に特別の対応を行うことは正当である。この観点からすれば、長期の避難が予想される場合に住所が避難先に移ったと理解した上で、その理由に鑑みて、原則から外れた何らかの特別な対応をとる必要がないかを考察するという思考方法も一つの素直な思考としてありえたとは思われる（ただし特例法に関しては、後掲註（六四）に紹介する植田の説明も参照）。原島・同上五六～五七頁は、前掲註（一二）に紹介した松本の議論に反対し、「災害時や困窮時等、本来の住所地での生活が妨げられている場合には、居所を住所とみなして適宜住民として扱い扶助を行うといった、事情に応じた扱いが求められる」、「地方自治が身近な政治への参与と利益分配の仕組みであることに鑑みれば（……）、それに最も便宜な地方公共団体において住民として扱うことが本法の趣旨に適うのであり、生活の本拠により住民を識別するゆえんである。もとより、ある者が複数の市町村で住民として扱われることは避けなければならないが、滞在期間等から相当の生活実態が認められる者については、居所を住所とみなし、当該市町村はその者をも含む住民の福祉の増進に努めるべきであろう」とする。もっとも、本註で示した松本の議論に鑑みると、松本が念頭に置いている災害は比較的小さなもので、彼も原島のような解決を大規模災害について否定するものではないのではないか。

15　もっとも、この特例部分はあまり意識されない。植田・前掲註（一一）もここまでの明示はしない（行政実務が前掲註（一三）で見た解釈を採るのであれば当然であろう）。今井照「原発災害事務処理特例法の制定について」『自治総研』三九五号（二〇一一年）八九頁以下（九四頁）、同『自治体再建——原発避難と「移動する村」』（ちくま新書、二〇一四年）一二六頁も同様である。

16　避難住民であることを止める際に、転入届を提出すべき市町村は、その時点で居住し生活の本拠と理解される場所を区域とする市町村、多くの場合は避難先市町村である。つまり、避難住民でなくなったときに住民として所属すべき市町村は自治法の一般原則に従って判断されることとなり、避難先市町村は、原則通りの開放的強制加入団体としてこの者を捕捉してくる。

17　かつ、指定市町村の区域がなお居住できない区域であり新しい住民を得られないとすると、この任意団体化は、避難時点での住民にのみ関わる片面的な性格を持つ。

18　土地区画整理組合や健康保険組合の設立に際して、その構成員となることが予定される人々の少なくない同意が予め求められる点にこのことは示されていると言えよう。参照、太田・前掲註（一）七～九頁。

19　ただし、実際に設置したところは、まだないようである。

20　確かに、このような特例法の定めがなければ類似の施策が地方公共団体に禁じられているとは言えず、特例法の定めは、一定の施策モデルを示し、そのための国の財政措置を要請する点に意味があると考えるべきであろう。しかし、このような特定住所移転者の類型とそれに関する施策の定めから、指定市町村と元住民との関係維持・指定市町村住民と元住民との関係維持に一定の意味を特例法が認めていることは否定され得ないだろう。

21　この観点からは、復興のあり方（復興計画の策定など）につき、特定住所移転者の意思反映を図ることにも意味を認めるべきであろう。特例法は、住所移転者協議会が意見を述べる事項を同法一一条一～三項に定める施策に関する事項としているので、住所移転者協議会を復興計画などに直接に関与する諮問機関として位置づけているわけではない（植田・前掲註（一一）八一～八三頁も参照）。しかし、関係維持に関する施策の一環として復興計画に関する意見を住所移転者協議会に求めることも禁じられてはいないと解すべきであろう。

22　これは、特に、どこに住んでいたかという過去への視線に基づく時間軸上の要素との対比では明瞭である。今後ここに住み続けるつもりかという将来への視線に基づく時間軸上の要素は、定住の意思として生活上の本拠か否かを現時点で判断する際の考慮要素の一つではある。しかし未来永劫住み続ける意思が必要なわけではない。他地域から東京へ出てきた者が一〇年後には地元に帰ると考えていても、東京に住所を認定することに問題はない。

23　飯島淳子「住民」『公法研究』七五号（二〇一三年）一六六頁以下（一七一～一七二頁）は、「確かに、住所移転者は、避難元自治体にとってまさしく利害関係者ではあるものの、自治への関与可能性が私人の意思に委ねられ、しかも、住民でない者の意思の反映が制度化されている。この点において、かかる制度は、居住という事実のみに基づいて参政権を認めるという地方自治法の建前から外れるものである」と指摘する。

24　ただし、行政実務は原則を維持して特例法を理解していると解されることにつき、前掲註（一三）。

25　この参加を実際に担当する住所移転者協議会構成員は、選挙によらずに選出される。

26　廃棄物処理法六条、六条の二を参照。また、生活保護もここに分類される。生活保護法一九条を参照。

27　なお、この特例事務は、立案者が認めるとおり事務の委託（自治法二五二条の一四以下）を用いることでも同様の帰結をもたらすことができる（植田・前掲註（一一）五六～五七頁を参照）。しかし当事者たる地方公共団体の個別の合意を必要とせず、避難元地方公共団体の意思にのみ依存させる点に特色がある（参照、特例法五条）。なお、今井照は指定管理者制度でも対応でき、事務の委託を用いる必要性もなくなっているとするけれども（今井・前掲註（一五）『自治総研』九四頁）、指定管理者制度は公の施設の管理にしか用いられず、不適切な論述である。

28　厳密に言えば、自治団体である必要さえないと言える。全国健康保険協会の担当するいわゆる協会けんぽを想起せよ。全国健康保険協会は健康保険組合と異なり、被保険者を構成員とする機能自治団体とは言えない。太田匡彦「リスク社会下の社会保障行政（下）」『ジュリスト』一三五七号（二〇〇八年）九六頁以下（一〇三～一〇四頁）を参照。

29　特例事務とされた事務から一部例示すると、(i)の類型には要介護認定等に関する事務、(ii)の類型には児童生徒の修学等に関する事務、(iii)の類型には養護老人ホーム等への入所措置に関する事務・保育所入所に関する事務を挙げることができる。その上で(i)、(ii)の類型がすべての避難住民に対してこのような活動を行うリソースを有さない場合、(iii)の類型がこのようなリソースに対する管理権限を持てない場合に該当する。植田昌也「原発避難者特例法の施行状況について」『地方自治』七七〇号（二〇一二年）四四頁以下（四六～五〇頁）は、(iii)の類型を(ii)の類型に統合して理解しているようであるが、例えば保育所が公立でなくても良いことを考えると、(ii)と区別して理解した方が適切であろう。

30　参照、植田・前掲註（一一）七七頁。

31　結論において同旨、飯島・前掲註（一三）一七〇頁。ただし本稿の分析からは、飯島が、特例事務を「人的要素の強い事務である。特例事務とされたものは必ずしも、地域的要素を本質とするものではない」とする叙述については一層の繊細さが望まれる。人的要素の強い事務の中で即地性がないものはむしろ特例事務とされず原則に従い指定市町村がそのまま処理し、人的要素の強い事務の中でしかし即地性の高い活動を内容とするものが特例事務になっていると解される。

32　本稿のいう空間管理は、金井利之「空間管理」森田朗編『行政学の基礎』（岩波書店、一九九八年）一六三頁以下のいう空間管理（同論文一六四頁は「空間を媒介として操作化された、行政組織の分化と総合の問題領域」と定式化する）よりも限定された、空間そのものの管理という日常用語に近い意味で用いられている。概ね、同論文一七二〜一七四頁にいう物的空間の管理に対応しよう。

33　例外は生活保護である。だからこそ生活保護法は、住民以外の要保護者が居住しあるいは現在するにとどまる場合に関しても当該居住地もしくは現在地を区域とする道府県知事、市長及び福祉に関する事務所を管理する町村長が生活保護実施義務を負うことを生活保護法一九条で明確化したと解される（立案者の考え方につき参照、小山進次郎『生活保護法の解釈と運用（改訂増補）』（全国社会福祉協議会、一九五一年、復刻版一九七五年）三〇五頁、三〇七〜三〇八頁）。今次の避難者支援の文脈でも福島県は生活保護の管轄につき、「お住まいの仮設住宅等の所在地を管轄する福祉事務所（町村部は県保健福祉事務所、市部は市福祉事務所）が相談・申請先となります」としている（福島県「平成二五年度福島県の避難者支援事業一覧」（二〇一三年一二月）一七頁。住民票の所在地、震災時居住地、震災時住所などを管轄する福祉事務所ではないことに注意）。なお、東京地判昭和四七年一二月二五日行集二三巻一二号九四六頁は、生活保護法一九条一項一号にいう居住地につき「客観的な人の居住事実の継続性および期待性が備わつている場所、すなわち、人が現に日常の起居を行なつており、将来にわたり起居を継続するであろうことが社会通念上期待できる場所をさすものと解されるが、人が現にその場所で起居していなくとも、他の場所における起居が一時的な便宜のためであつて、一定期限の到来とともにその場所に復帰して起居を継続していくことが期待されるような場合（いわゆる帰来性がある場合）には、本来の居住が一時的に中断しているに過ぎないから、このような場所も居住地に含まれるものと解するのが相当である」とする。ただし、避難住民につき、この判決がいう「帰来性がある場合」として指定市町村が生活保護事務を処理すると解釈するのは、困難であろう。同判決も、事案の結論においては、帰来性がある場合とは認めず、入院先の療養所を所在地としている（当該事案では夫婦関係の事実上の破綻に基づくものではあるが）。

もっとも同時に、住民以外の存在に対する生活保護が自らの事務であることを容易に納得しようとしない地方公共団体は、住民であることを（少なくとも社会的には）否定しやすい要保護者の典型例であるホームレスに対する生活保護を回避しようとする傾向も見せる。大阪市に関する大阪地判平成一四年三月二二日賃社一三三二号一〇頁、大阪高判平成一五年一〇月二三日賃社一三五八号一〇頁、新宿区に関する東京地判平成二三年一一月八日賃社一五五三＝一五五四号六三頁、東京高判平成二四年七月一八日賃社一五七〇号四二頁は、それぞれホームレスに対する管轄の有無が争点とされた訳ではないが、その明瞭な一例と捉えられる（両地方公共団体の行動は共に違法とされた）。

34 例えば浪江町につき、このほかに行われている空間管理に該当する事務も併せて馬場有「原発災害と自治体――浪江町」岡田知弘・自治体問題研究所『震災復興と自治体――「人間の復興」へのみち』（自治体研究社、二〇一三年）三〇七頁以下（三一〇頁、三一四～三一八頁）。

35 これは、区域を持たない機能自治団体及び私的団体（私人）との対比での分析であり、領土を有する国との関係での地方公共団体でしか行えない事務を述べるものではない。

36 松本・前掲註（六）一三六頁は、自治法一〇条二項にいう「地方公共団体の役務の提供」が地方公共団体の処理する事務の全般を指すとする。この解釈に対して本稿は異論を持つものではないけれども、本稿が示すように、地方公共団体が処理する事務の内に存する差異にも注意すべきであろう。また、以上からすると、金井・前掲註（一四）八三～八四頁が「自治体におけるサービス給付は、住民基本台帳登録者に限定するという意味での『住民主義』ではなく、物理的・客観的にどの区域に現在しているかという観点で、自治体間の分担が決められている『現在地主義』に立っている」とするのは、やや単純化が過ぎると思われる。事務と区域との関係についての（特例法も手がかりとした）より詳細な考察として＊に掲げた『地方自治』八〇七号所収論文も参照のこと。

37 今井照「シチズンシップと自治体の政治・行政――『市民』とはなにか、『自治体』とはなにか」『地方自治職員研修』二〇一三年九月号一四頁以下（一七頁）は、地方税法二九四条三項に基づいて、避難先市町村が避難住民に市町村民税を賦課することが可能になるとする。本稿のように特例法が避難先市町村の住民要件も変容させていると解釈すれば、地方税法二九四条三項の適用も排除されていると理解すべきであろう。もっとも、そのことを明確化する法律改正は考慮してよいとは思われる。また、前掲註（一二）で述べたように、もし特例法が避難住民は住所を指定市町村内に維持しているという前提で作られており、住所と住民の結合を解いていないと理解するならば、この部分に特例はないことになるので、避難先市町村の住民要件の縮減もなく、避難先市町村は地方税法二九四条三項を通したチャレンジを行えることになる。このことからも、II・B・一で述べた解釈が妥当ではないかと思われる。

38　もちろん多くの場合、ふるさと納税が財政上大きな意味を持つことはない。しかし、任意に参加できること自体にここでは着目している。

39　避難住民の意義については、前掲註（九）。住所移転者は、特例法二条四項で「平成二三年三月一一日において指定市町村の区域内に住所を有していた者のうち、当該指定市町村以外の市町村の住民基本台帳に記録されているものをいう。」と定義されている。前掲註（一一）に紹介した植田の解説も参照。

40　塩野宏『行政法」（第四版）』（有斐閣、二〇一一年）一四二頁（「また、［地方：筆者付加］自治法上の住所は一つに限られるという前提がある」。また、原島・前掲註（一四）引用箇所も参照。なお、小高・前掲註（一四）五一〇～五一一頁は、一般論として住所の複数を認めるが、これが自治法上の住所を複数認め、複数の市町村の住民たることもあり得るとする趣旨なのか判然としない。しかし、選挙に関する住所は一カ所に限られるとしているところからすると、塩野と同様の前提に立っているのではなかろうか）。もっとも、この前提がなぜ維持されねばならないかは議論の余地がある。確かに、一人一票に象徴される民主政的平等を考えると、この解釈が自然であるように見える（後掲註（七〇）で紹介する福富の議論も参照）。実際、最高裁は、最判昭和二三年一二月一八日民集二巻一四号四七二頁において、町村制につき「一人で二ケ所に住所を有することができるものと解すれば同一人が二ケ町村で選挙権を行使し或は同一町村で二つの選挙権を行使し得る結果となり、かゝる結果は町村制の認めないところであつて、（町村制第一二条第三項参照）選挙に関しては住所は一人につき一ケ所に限定されるものと解すべきである」と述べたことがある。しかし、同一市町村内に複数の住所を認めることの問題が同判決の指摘するとおりだとしても、もしある個人が二つの市町村において等しく活動し共に生活の本拠と認められるのであれば、住所を住民の要件とする条件の下で住所を複数持ちうると考え（これは、必ずしも突飛な解釈ではない。住所は法律関係事に複数持ちうるという解釈は民法上の住所に関してはむしろ通常の解釈である）、二つの市町村それぞれの住民として扱うことが本当に政治的平等に反するだろうか（住民として住民税をどちらにも支払うことは前提としておく）。この個人は、それぞれの市町村で二票を行使する訳ではなく、それぞれの市町村で一票ずつしか行使しない。

「複数の市町村の住民である者の存在を認めるとこの者だけが国政においても一人二票を行使することを認めることにつながる」と考えて、「ある個人は一つの市町村の住民でしかあり得ない」とする議論も、市町村の決定を担当する機関が国の決定を担当する機関と結合する制度の場合（例えば地方議会議員が参議院議員を兼職する場合）には明瞭に成立すると思われるが、現在の日本のように切り離された組織編成をとり兼職も禁止されている場合、この議論はさほど明瞭には成立しない。この場合、この議論は、地方公共団体の選挙などを通じて醸し出される雰囲気の形成への関与可能性を問題にしていると理解せざるを得なくなるけれども、このような雰囲気への関与可能性が各人に平等でないこと、それが政治活動の自由の帰結として受容されていること（業界団体・圧力団体などを考えよ）を考えれば、国政への影響を考慮したこの議論が理由たりうるか疑問は残る（同旨、金井・前掲註（一四）八六頁）。あるいは、二つの市町村に所属することが所属する一方の地方公共団体の利益を所属する他方の地方公共団体の利益に劣後させる政治行動（例えば投票行動）をとる可能性（つまり利益相反の可能性）を考慮して複数の市町村の住民となることを認めないとする議論も考えられる（飯島・前掲註（二三）一七一頁が、Ⅲ・B・三・(d)で述べる二重の住民登録との関連で、「選挙権の付与は、――当該地方公共団体の将来像の決定に、他の地方公共団体の住民であり続けたいと望む者を参与させることを意味するだけに――、行政サービスの平等利用権以上の困難を抱えることになろう」とするのは同種の発想か。また、国籍につき外国人の管理職地方公務員就任に関する最判平成一七年一月二六日民集五九巻一号一二八頁が述べる「国民主権の原理に基づき、国及び普通地方公共団体による統治の在り方については日本国の統治者としての国民が最終的な責任を負うべきものであること（憲法一条、一五条一項参照）に照らし、原則として日本の国籍を有する者が公権力行使等地方公務員に就任することが想定されているとみるべきであり、我が国以外の国家に帰属し、その国家との間でその国民としての権利義務を有する外国人が公権力行使等地方公務員に就任することは、本来我が国の法体系の想定するところではない」という議論と類似の発想とも言えるかもしれない）。しかし、住民は自らの利益を考えて政治決定に参与する権利を持つのであって、自らの利益を犠牲にして所属する団体の利益を実現すべく政治決定に参与する義務を負うのではない。また、この議論は、地方公共団体相互の関係が敵対的なものとなりうると理解するからこそある個人が同時に複数の市町村の住民となることを回避しようとしていると解せるが、日本国という同一統治団体に包括される地方公共団体相互の関係をそのように捉えるべきであるかも疑わしい。本稿には、この前提を憲法上の要請と位置づけることは難しいように思われる。ただし、複数の市町村の住民となることを認めることが立法政策として合理的かの判断はまた別にある。後述のⅢ・B・三・(d)を参照。

41　自治法一〇条一項のほか、財産区について住民を観念できることにつき後掲註（四四）を参照。

42　前者の場合、従前の区域は他の市町村の区域となり、後者の場合、従前の区域にそれを自らの区域とする市町村は存しないことになる。

43　もちろん、このような変容を当該市町村の同意なく強制的に行った場合は合憲性が問われ、これは後にも触れる最判昭和三八年三月二七日刑集一七巻二号一二一頁の念頭に置いている問題状況となる。しかし、合併がそうであるように、同意を以て（当該市町村の任意の決定により）なされる場合には、また別となる。

44　成田頼明は、財産区につき目的限定的な団体であるから固有の区域を有さないとする（成田頼明「地方自治法五条注釈」同ほか編『〈全訂〉注釈地方自治法』（第一法規、二〇〇〇年）（加除式）二五八頁）。しかし、目的さらには権限が限定されていることは区域を有するか否かと関係のない事柄であると考えられる。財産区は市町村または特別区の一部に法人格が与えられたものであり（参照、自治法二九四条）、市町村または特別区の一部を区域とし、その区域に住所を有する者を住民としていると理解すべきであろう。場合によっては議会や総会を持つ可能性も認められている以上（参照、自治法二九五条、二九六条）、選挙権者・被選挙権者を決定するためにも、地方公共団体として区域・住民を有すると考えるべきだと思われる。行政実務は、財産区管理会条例・協議の準則に明らかなように、それを示した昭和二九年時点では財産区は区域・住民を有すると理解していたし（加藤富子「地方自治法二九六条の四注釈」成田ほか編・同条九〇四二～九〇四六頁にこの準則が紹介されている）、現在もその理解が通用していると考えられる（工藤洋介「財産区の果たした役割と今後の進路」『自治総研』四二二号（二〇一三年）八四頁以下（九〇頁））。これに対し、合併特例区は、その規約に区域を定めることとなっており、明確に区域を有する（市町村の合併の特例に関する法律（以下、合併特例法）三一条一項二号）。合併特例区の住民を明確に定める規定はないが、その区域内に住所を有する者を住民と扱っていると解して良いであろう（合併特例法三六条二項、四八条三項を参照）。その上でいずれも、市町村の区域に包括され、また市町村の内部団体的性格を示す。

45　学説として例えば飯島淳子「地方自治と行政法」磯部力ほか編『行政法の新構想Ⅰ』（有斐閣、二〇一一年）一九三頁以下（二〇一～二〇三頁）。

46　例えば、社会保障における連帯は強制的に構成されるものである場合もあるけれども（強制保険としての社会保険を想起せよ）、そのような場合も含めて、何らかの連帯の基盤を想定できるし、想定せざるを得ない。ただし、今回検討する連帯は、社会連帯ではなく、政治的連帯の系列に属すると考えられる。以上につきさしあたり参照、太田匡彦「対象としての社会保障――社会保障法学における政策論のために」『社会保障法研究』一号（二〇一一年）一六六頁以下（一九七～二一五頁）。なお、本稿は、地方公共団体を基礎づける住民相互の連帯の基本的性格を分析するにとどまり、これが示す内容を残すところなく検討するものではない。そのためには、地方公共団体の行う事務の分析が必要となり、これを本稿は取り上げていないからである。

47　刑集一七巻二号一二三～一二五頁。このことに留意を促すものに、斎藤誠『現代地方自治の法的基層』（有斐閣、二〇一二年）一一五頁（初出二〇〇二年）。この判決の論理・判断構造に対する批判は多くなされてきた。例えば、塩野宏『行政法（第四版）』（有斐閣、二〇一二年）一五三頁註（二）、渋谷秀樹「都道府県と市町村の関係――二層制の憲法原理的考察」『公法研究』六二号（二〇〇二年）二一二頁以下（二一七頁）。

48　これは連帯一般に考えられるものであると共に（参照、太田・前掲註（四六））、昭和三八年最判も「密接な共同生活を営み」という形で示唆している。飯島・前掲註(四五)指示箇所も「共同財産」という形で利益の共通性に着目していると思われるし、同二〇六～二〇七頁は昭和三八年最判のこの部分に着目している。また、原島・前掲註（四）一一～一三頁も、自己の生活する土地に結びついた利益が近隣に生活する者同士に共有され、局地性を示すことを住民自治（地方自治制度）の基礎とすると理解できる（ただし区域（区域割）が先行して住民が観念されてきたことに対する同論文六～九頁のアンビヴァレントな態度にも注意）。もっとも、斎藤・前掲註（四七）一一六頁の指摘するように、昭和三八年最判には、原審である東京地判昭和三七年二月二六日下刑集四巻一＝二号一五七頁との対比では地方自治の対象事務の縮減も認められる。

49　この部分に関連し、上記原審判決の「都市が膨張、発展、隣接し、交通の至便、経済生活の必要等に応じ、各市区町村間の住民の交流が極めて頻繁なる現状においては、共同体意識という観念はしかく強固であるとは断定し得ないのである。

又この共同体意識を強調し、共同体的自治をあまりにも固執するときは、過去において苦い経験をなめた全体主義素朴なる中央集権へ逆行するの危険をはらむ虞なしとしないのである。」（一六四〜一六五頁）の叙述も参照されるべきであろう。都市を念頭に置く叙述から始まるが、これまでの社会の発展はその叙述の一般化を（その後段も含めて）許すだろう。したがって、本稿の立場は、社会状況の変化に鑑み事実としての社会的基盤を問題にすること自体に否定的な態度をとるのではなく（最高裁のこの部分に係る基準が有用でないと批判するものに渋谷・前掲(47)二一七頁。また、大石眞＝高作正博＝鈴木淳「討論要旨」『公法研究』七三号（二〇一一年）一五九頁は、斎藤誠がこの基準（要件）を放棄すべきだと発言した旨を伝える。併せて斎藤・前掲註（四七）一一九〜一二一頁も参照）、そのような社会的基盤・連帯の存在は措定した上で、それを自治法に照らして構成員の面でも要請される内容の面でも共時的・開放的なものと捉える方向にある。もっとも、前掲註（四六）で述べた問題が残っているため、作業はなお完全ではない。また、最高裁の示した基準およびそれに流れ込んだと目される入江俊郎の考え方とここで述べた方向との関係を考えるに、入江の議論において「共同体意識は、なまの事実（隣人間の心理的隣保協同）としてではなく、制度がそれを支え（市町村の「連合体」としての「地方」にも存在）、変遷するところの『社会的』実体として把握されている」という指摘もあり（斎藤誠「地方自治の法的議論における歴史の位置」『公法研究』七三号（二〇一一年）一三三頁以下（一三六〜一四一頁））、本稿の方針は最高裁の判示に関する、ある立場からの解釈と理解できる範囲にとどまっているとさしあたりは考えている。これに対し、地方公共団体の基礎に措定されるべき住民相互の連帯に関する本稿の理解と、飯島淳子の措定する、「人々が居住・生活を通して相互に醸し出す『まとまり』」とは緊張関係に立つようにも見える。飯島淳子「区画・区域・土地」『地方自治』七九一号（二〇一三年）二頁以下（特に八〜九頁、一一〜一二頁。引用部は九頁）の叙述を参照。他方、原島・前掲註（四八）指示箇所の議論について言えば、地方自治（住民自治）を基礎づける局地的な利益（局地的公益）の流動性を「地理的状況から固定的に生じる客観的利益であるのにとどまらず、そこで生活し業を営むという個人の主観的利益や意欲によって流動し、場合によっては促進されるもの」（原島・前掲註（四）一三頁）とする点で本稿と類似の理解を持つのではないかと思われるものの、その土地で生活すること自体の開放性（出て行くこと・入ってくることの開放性でもある）への着目につき関心の差が存するようにも思われる。この点の解明は原島論文の展開と共に改めて考察したい。

50 本稿における政治理解は、太田・前掲註（四六）一七九～一八〇頁に従う。

51 財産区の住民が、設立時においてだけでなくその設立後にその区域に住所を有することとなった者も含むこと、しかし「実態として、新しく区域内に転入してきた新住民が財産区の住民として旧住民と対等な権利を持つことができるかしばしば問題になることがある」ことにつき、工藤・前掲註（四四）指示箇所。この問題につき、工藤・前掲註（四四）九五～九六頁、一〇四～一〇五頁、一〇九～一一二頁も参照。

52 財産区・合併特例区の区域・住民については、前掲註（四四）を参照。

53 金井利之『空間なき市町村』の可能性——原子力発電所が存在するなかで市町村が向き合う課題」『自治体学』二六巻一号（二〇一三年）二頁以下（三頁）は、近代国家による空間基準での国民の管理という観点と、それに人々が対抗するための時間基準の重要性という観点とを対抗させる。この観点から、合併特例区の運命を読み解くことも可能であろう。しかし本稿には、これは、居住移転の自由という近代国家と共に成立する自由を保障し、その前提で政治を行う統治団体を成立させる観点からすれば必要な原則の貫徹であるように見える。

54 その生活の共有という要素から基礎づけられる連帯の具体的な表れ方がどのようなものであるかという問題も存するけれども、本稿は立ち入らない。前掲註（四六）を参照。

55 「仮の町」構想の源流を探り、その可能性・必要性を検討するものに今井照『「仮の町」構想と自治の原点」『ガバナンス』二〇一二年九月号二二～二五頁。彼の見解をまとめた記述として同・前掲註（一五）『再建』一一八～一五〇頁も参照。

56 いわゆる区域外施設を設置するだけのことである。

57 日本における普通地方公共団体の遍在性のため、避難住民居住地は必ず市町村の区域であり、だからこそ避難先地方公共団体を常に観念できる。特例法の今一つの前提でもある。

58 参照、平成二五年五月一〇日法律一二号により追加された福島復興再生特別措置法三五条。今井・前掲註（一五）『再建』一三三～一四七頁がその避難・成立過程を紹介する三春町に存する葛尾村の仮設住宅団地群は、β型と目される。またそこでの記述からすると、同時にこの仮設住宅群が住民の連帯を象徴・表現するためのよりしろとして機能していると解される。これに対し、町外コミュニティとして構想された復興公営住宅への入居希望が予想していたよりも低い例として吉原直樹「コミュニティ・オン・ザ・ムーブ――破局から」『学術の動向』一九巻四号（二〇一四年）八九頁以下（九一〜九二頁）が大熊町の例を指摘している。併せて参照、福島民報「『被災地は今』六町村『仮の町』計画　双葉郡など　懸命に絆維持」（二〇一四年二月二八日付記事。http://www.minpo.jp/pub/topics/jishin2011/2014/02/post_9384.html）、同「仮の町構想具体化　6町村計画 飯舘の拠点施設完成」（二〇一四年九月一〇日付記事。http://www.minpo.jp/pub/topics/jishin2011/2014/09/post_10656.html）。共に二〇一四年一一月二七日最終確認。

59　もちろん指定市町村も時間軸上の将来構想としての復興・帰還のための施策と共時的な要素に基づく住民の連帯を維持するための施策とのバランスをとることに意を払おうとはしているのだろう（例えば参照、富岡町災害復興ビジョン策定委員会『富岡町災害復興ビジョン』（二〇一二年一月）はじめに、第二章、富岡町『富岡町災害復興計画（第一次）』（二〇一二年九月）第二章、第三章）。しかし、同時に、山下祐介ほか『人間なき復興――原発避難と国民の「不理解」をめぐって』（明石書店、二〇一三年）、特に二八〜四〇頁も参照。

60　避難住民が被災時に居住していた指定市町村に住民票を置き続けることを当該指定市町村が表立って願えば願うほど（それはある意味で当然の願いではあるのだが）、この危険は否定できなくなるように思われる。宮本皓一富岡町長へのインタビュー（インタビュアー：新藤宗幸、田村靖広）「全国ばらばらに住んでいても住民票は富岡町に」『都市問題』一〇五巻三号（二〇一四年）二〇頁以下（二二〜二五頁）は、住民票の所在に拘らざるを得ない指定市町村（の長）の心情を伝えると共に、そのタイトル・リード文・インタビュアーの誘導的質問と相俟って、本文で述べた危惧を簡単には否定できないであろうことも示していると思われる。

61　もっとも、住所移転者協議会が現在まで設置されていないことは、政策目的に対して政策手段が適合的でなかったことを示していると解釈する余地があり、これらの政策のあり方を再検証する必要はあろう。

62　飯島・前掲註（二三）一七二頁は、前掲註（二三）の叙述に続けて、特定住所移転者という類型については特例法の定めに照らして「――避難元自治体に残された当該住所移転者の土地所有者としての地位というよりはむしろ――コミュニティの一員としての地位が連想されやすい。そうであるとするならば、住所移転者の『住民』としての地位がどのように、またどこまで根拠づけられうるのか、土地と結びついていない自治（非領域的自治）と地方自治との接合という一般的文脈をも見据えながら、詰めていく必要がある」とする。飯島は加えて「地方自治法による政治的統合と地域的要素への傾斜に対し、居住と人的要素という原理を正当に評価しなおすことができるならば、原発避難者の事例に関しても、住民の変質として割り切ってしまうのではなく、住民という属性のなかで掴まえることができるのではないか。このことによって、住民としての地位を繋ぎとめておきたいという当事者の思いを叶える可能性を何とか残しておくことができるのではないか」とも述べる（同上一七三頁。避難者の私的権利の観点のみならず公共政策の観点からもこの問題を考察する必要性が高いことを示唆する同・前掲註（四九）一〇頁も参照）。この叙述は、特定住所移転者も住民というカテゴリーで捉えるための基本的な考察方向を示そうとしたものと理解できる。しかし、居住という要素が居住場所を前提にするため地域的要素を内に含むことから、飯島の指摘する政治的統合・地域的要素と居住・人的要素との対比が彼女の望むように成立し機能するか疑問が残ることに加え、特定住所移転者などの地位・関与を捉えるために住民というカテゴリー（だけ）に拘り続けるべきかにも疑問が残る。飯島自身がこの叙述に付された註で居住移転の自由を指摘しながら述べるように（同・『公法研究』七五号一七五頁註（二四））、自由の行使としての関与も含めさまざまな性格の関与を組み合わせる形で特定住所移転者、さらには特定住所移転者でもない元住民、あるいはそれ以外の公衆の関与を捕捉し位置づけていく方向もあると思われる。このような方向性につき参照、太田匡彦「区域外被災住民とその意思反映可能性を通してみた復興の過程」公益財団法人日本都市センター『被災自治体における住民の意思反映――東日本大震災の現地調査・多角的考察を通じて』（二〇一四年）三一頁以下。

63　これまでの考察に明らかなように「空間なき市町村」「バーチャル自治体」という観念は、普通の（機能）自治団体、もっと言えば普通の結社に過ぎない。これらの存在への移行は、地方公共団体がさらに何らかの特殊なものになることではなく、特殊な存在であった地方公共団体が（ひょっとすると強制加入団体ではあり続けるかもしれないが）普通の団体になることである（飯島・前掲註（一三）一七〇〜一七一頁はバーチャル自治体の考え方を基礎に据えた二重住民票の主張につき、「この主張の基底には、自治体は、土地の集合体ではなく、人の集合体であるという考え方がある。確かに、避難住民は、領域性のみでなく、社団性をも奪われ、避難元自治体との住民票のつながりしか残されていない。この現実は、深刻である。ただし、町外コミュニティが、受入先自治体の領域を基礎としえない以上、結社として性格づけられてしまうのではないかという疑問は解消されていない」と述べる）。このためもあってか、今井照『仮の町』が開く可能性——住所はふたつあってもよい」『世界』八四二号（二〇一三年）八四頁以下（九〇～九一頁）は、上述の観念を積極的に主張・評価しつつも、この制度を指定市町村について導入したとしても指定市町村は完全に区域を失うことはないともする。であれば、それは次に見る純粋の二重住民票（二重住民登録）の問題である。

ただし、今井は、その後の同・前掲註（一五）『再建』一九九～二〇〇頁においては、自治体の要素としての区域の持つ意味を可能な限り極小化し住民に意味を与え、その意味で地方公共団体の意味を自治体として人的結社であることに収斂させる方向を目指すようである。立場としては一貫した方向へ戻ったとも言えようが、構成員をなぜ区域によって画さなくてはならないか、なぜそのような団体に特殊な意味を認めなくてはならないかという問題が残る。筆者には、「空間なき市町村」「バーチャル自治体」の意味を厳密に評価するためには、区域を持つ自治団体の自治、つまり地方自治が憲法上明確に保障されている意味をもう少し真剣に考える必要があると思われる（日本では、機能自治は、わずかに大学の自治だけが学問の自由の保障において自由の行使の文脈で保障されているにとどまる）。併せて、金井・前掲註（五三）四～五頁も参照。

64　市町村にとって望ましい者を、こちらにも住所があるとして住民にする、さらにはこちらにしか住所のない＝こちらだけの住民であるとして奪い合い、自らに望ましくない住民を、こちらには住所のない住民＝そちらだけの住民であると押しつけ合うことは考えられる。住所の所在を否認して国民健康保険の被保険者であることを否定しようとした大阪市が大阪府国民健康保険審査会の裁決の取消しを求めた二つの事件が共に、（当時においては）医療費のかかる結核患者（二つの事件とも大阪市外に所在する病院・療養所に入院していた）の拒絶・押し付け合いという文脈の中で理解されるべきものであることが想起されて良い（第一の事件に関し第一審たる大阪地判昭和四〇年一〇月三〇日行集一六巻一〇号一七七一頁、控訴審たる大阪高判昭和四六年八月二日民集二八巻四号六三〇頁参照は大阪市の請求を認容したものの、上告審たる最判昭和四九年五月三〇日民集二八巻四号五九四頁は訴えを不適法とし、第二の事件に関し大阪地判昭和四四年四月一九日行集二〇巻四号五六八頁も大阪市の請求を認容したものの、控訴審たる大阪高判昭和四六年一一月一一日行集二二巻一一＝一二号一八〇六頁は訴えを不適法とした（なお筆者は、それぞれの事件における住所の所在につき、第一の事件に関しては第一審・控訴審の判断に疑問を覚え、第二の事件についてはやむを得ないかという感想を持つ。前掲註（一四）も参照）。第二の事件に関する第一審判決の事実認定は、病院所在地の高槻市も当該患者に対する国民健康保険給付・生活保護給付を困難と伝達したことも伝える（行集二〇巻四号五六八頁（五八六頁））。市町村は淡々と住所を認め自らの住民と認める存在として常に表れるわけではない。このように住所を住民であるための要件としてもなお実際には表れる選別と排除の契機に鑑みれば、市町村が自ら望ましいと考える者について強引に住所を認定し住民にしようとする奪い合いの生じる可能性も否定できまい。

また現在の文脈では、避難住民は指定市町村の区域内に居住していないのだから、指定市町村は一方的に避難先市町村から避難住民は自分だけの住民であるというチャレンジを受ける可能性を負う。指定市町村と避難先市町村両方に強制加入させる二重住民票は、自らの住民を失う前段階の制度という不安を指定市町村にもたらそう。植田・前掲註（一一）五八頁は、特例法の立案経緯を説明する中で、原発事故被災市町村の「複数の団体から出された意見は、避難住民が住民票を移した上で避難元団体との絆を維持する方策（……）よりも、まずは住民票を移さなくても避難先で行政サービスを安心して受けられるような仕組み（……）の方に重点を置いて検討してほしいということであった」と伝える。この意見に窺われる指定市町村の不安が避難住民に二重住民票の可能性を開く制度であれば生じないとは言えまい。ただし、個人が居住移転の自由を持ち、地方公共団体の存続がその区域内に居住するという形での住民たる個人の当該自由の行使に依存することに鑑みれば（参照、Ⅲ・B・一・(d)）、地方公共団体に自らの住民を維持する利益、ひいては自らの存続を求める利益が個人の利益に対抗して保護されるべき利益として存するわけではない。

65　これは、現在の文脈では、住所以外の原因に基づいて避難住民に指定市町村の住民であり続けることを義務付けることを意味することになろう。避難先地方公共団体への（強制）加入原因は、住所（居住）に求める以外ないからである。

66　それ以外の理由（本籍）などを加入強制の根拠とすることは、そもそも合理性を欠き、結社の自由（に含まれる消極的な、結社に参加しない自由）を侵害すると思われる。

67　財産の所在を理由に強制的に住民とすることは、脱退するために財産処分も要求することとなり、財産権の違法な侵害と解釈されるように思われる。

68　この場合、義務的加入とする市町村を住所等の要件で画するか、それとも何らかの複数存する加入根拠を持つ市町村から最低でも一つの市町村住民となることを求めるかなどのヴァリエーションが考えられるが、ここでは立ち入らない。

69　指定市町村について言えば、指定市町村の住民だけであり続ける者と、指定市町村の住民にも避難先市町村の住民にもなった者とが存在することになる。避難先市町村はこの裏返しである。

70　したがって、筆者には、二重住民票の制度は、その導入が憲法違反となるとまでは思わないが（参照、前掲註（四〇））、政策的合理性・魅力はさほど高いものではないと思われる（本文での指摘と同様の危惧を抱いていると考えられるものに小原隆治「自治体の区域、自治体と区域」『季刊行政管理研究』一四五号（二〇一四年）一頁以下）。なお、福富茂「東日本大震災における原子力発電所の事故による災害の影響により避難している住民の避難場所に関する証明について」『地方自治』七八四号（二〇一三年）一五頁以下（二三頁註一）は、二重住民票制度につき、「選挙権、被選挙権を二重に与えるようなことは適当でなく、納税の義務についても二重課税の問題を生じること等の問題から、制度化することはできないと考えられる」と主張している。これに対して、積極的なものに今井照の議論（前掲註（三七）、（五五）、（六三）で指示した論考のほか、同「自治体再生のために——新しい自治体観の提起に向けて」『地方自治職員研修』二〇一一年六月号一四頁以下、同・前掲註（一五）『再建』一六一～一九三頁、二〇四～二一〇頁、同「原発災害避難自治体の再建」『学術の動向』一九巻四号（二〇一四年）七四頁以下を参照。前掲註（一五）『再建』一六一～一九三頁を見る限り、今井は第一類型か、第三類型で住所を加入要件とするタイプを想定しているように見える）、金井・前掲註（一四）八三～八八頁、山下ほか・前掲註（五九）二五九～二八〇頁がある。特に山下たちは、（二重住民票制度によって初めて住民と認められる）今回の避難を経験し帰還はしないものの指定市町村に住民票を残す古くからの〝住民〟によって、多少危険でも経済的利得を求めて移住してくる新しい〝住民〟による刹那主義的政治決定を掣肘する構想——いわば過去が現在を掣肘して将来の構想をモデレートにする構想——を示しており、本稿の示した地方公共団体の理解と正面から対抗する構想として重要である（併せて山下祐介「東日本大震災・福島第一原発事故における地域再生の課題と住民コミュニティ災害への社会的考察」日本都市センター・前掲註（六二）九一頁以下（一一〇～一一四頁）も参照）。しかし、刹那主義的政治決定に対する警戒には共感も覚えるけれども（参照、Ⅲ・A・三）、過去が現在を縛ることにより、各人の自由も集合的自己決定としての政治も制限されながら連帯を強要される点に筆者はやはり危惧を覚えるものであり、上記の立場を維持することとする。

なお、今井が類似方向として指摘する斎藤・前掲註（四七）一二一頁の示唆する「地方選挙権のクーポン制」は、本文で述べた生活の共同の度合いの異なりを投票権の数（持ち分）に反映させようとするものである。しかし、前掲註（六二）で示唆したように、選挙以外の意思反映（参加）での対応可能性も考えられよう。

71　大規模災害による被災地方公共団体一般に関する考察ではあるが、同一方向の思考を示すものとして参照、金井利之「被災地における住民の意思反映と自治体行政職員」日本都市センター・前掲註（六二）九頁以下、原田賢一郎「被災地における自治体行政組織の役割」日本都市センター・前掲註（六二）四九頁以下。

第二章　対象住民側面から見た自治体・空間の関係

東京大学教授　金井　利之

I　はじめに　～地方自治のパラダイムと住民という基礎概念～

地方自治においても、一定の問われざる前提や、与件となる認識枠組があり得る。通常において、このような事項は、定義上、問われざる与件であるため、認識が表面化することはない。そのような意味で、地方自治にもパラダイムがある。そのような地方自治のパラダイムも、決して不可変の絶対の前提ではない。そこには、「地方自治のパラダイム転換」の可能性がある。また、そこまで行かなくとも、既存のパラダイムの傾向性あるいは偏向性を認識することは、極めて重要である。

地方自治では、「住民自治」が地方自治の本旨の一つを構成するように、「住民」という基礎概念は、ある意味で当然の前提となっている。[註1] しかし、「住民」なるものも、決して自明の存在ではない。さらに、「住民」は、用字的にも「住」という構成要素を持つように、「住所」や「居住」と密接な関係にある。「住民」という、地方自治にとって前提となっている基礎概念自体についても、パラダイム転換的に検討することが求められていよう。

Ⅱ　対象住民

A　対象住民・公務住民・市民住民

一　住民の三側面

地方自治にとって住民が不可欠であるとして、その住民をどのように捉えるかは、難しい問題である。そもそも、住民なるものは、一様な概念として包括的に捉えるべきであり、その中身を分割したり分類したりすることはできない。住民を「一にして不可分」な住民集団として、その細かな差異を視ず、さらに言えば、それぞれの個々の住民の私的利害などの個別事情を勘案せず、一律・公平に扱うのが、住民という概念かもしれない。しかし、現実の住民なるものは、多数の実在する人間あるいはその活動の集合体でもある。その意味では、住民は分割可能であり、個々の住民を分類・集計することがなされる。

自治体の実際の政治過程で見ても、住民は多様な個々の住民の集合体であり、かつ、住民は一様ではない。例えば、行政改革や総合計画を立案するときには、住民の多様な性質や立場が注目される。その意味で、住民をどのように区分して捉えるかは、第一に、住民を一律不可分として捉えるパラダイムを否定するとともに、第二に、区分の仕方を規定する意味で、ある種のパラダイムを選択することである。本稿では、自治体行政学の観点から、すなわち、自治体行政の存在を前提にして、自治体行政との関係から住民を捉えるという意味で、以下の三つの側面に区分して捉えるのが簡便であると考えている。[註2]

二　三つの側面

第一は「対象住民」である。機構あるいはマシーン（機械）として、自治体（地方自治体・地方政府・地方公共団体・地方当局・地方団体・自治団体など名称は多様）があるときに、それが何らかの作用を及ぼす相手方としての住民である。[註3] いわば「行政される住民」ということができる。これは、地方自治法制で言えば、役務の提供を受ける権利を有するとか、あるいは負担分任の義務を負うという形で、位置づけられている。いわば、地方自治法制における住民の定義に、かなり近い位置づけである。[註4]

第二は「公務住民」である。行政という機構・機械の担い手となる行政そのものとしての住民である。行政そのものとしての住民という側面は、公私区分を前提にすると、ほとんど理解不能である。しかし、簡単に言えば、「自分たち住民の身近なことは自分たち住民でやろう」というときの住民である。役割としてみれば、行政職員と同じような実働機能を果たしている住民である。公務員と同じような機能を果たしていることから、公務住民と命名している。いわば「行政する住民」である。

この側面は、いわゆる協働を位置づけるときに、非常に重要である。[註5] 住民が行政となぜ、対等に協働できるのか、と原理的に考えたときに、結局、同じ立場だから対等に協働できるというのが、最も自然な位置づけと考えられる。公務・公共役務あるいは公共サービスを担う「担い手としての住民」である。[註6]

第三は「市民住民」である。行政の主人（プリンシパル・本人）としての住民であり、政治的な統制者である。[註7]

いわば「行政させる住民」である。ただし、行政させる役割は、第一義的には、代表民主制のもとでは、通常は、公選職政治家である首長・議員に信託がされて具現化されている。このような公選職政治家も「公務員」として法制上は位置づけられている。

市民住民は、公選職政治家に対しても主人・本人であり、エージェントである公選職政治家を政治的に統制しなければならない。住民の民意を受けて、公選職政治家が、機構としての行政を統制するので、間接統制が原則である。しかし、住民が公選職政治家を統制するのは、政治を統制するというよりは、行政を統制するためのものである。したがって、市民住民は、あくまで行政を政治的に統制する立場である。公選職政治家は、市民住民からは「行政する者」であるが、行政職員から見れば「行政させる者」となる。

三　本稿の射程

本稿では、住民の三側面のうち、対象住民の側面に即して、居住の自由や住所、自治体や空間、について考察することとしたい。市民住民・公務住民の側面は、別稿での考察をしたので、[註8] これらの側面が重要ではないという意味ではない。最終的には、三側面を総合して理解する必要がある。

そのなかで、対象住民に絞る理由は、上記の通り、現行自治法制の基本的な住民の定義に従うからである。地方自治法の編纂方針に見られるパラダイムは、以下の通りである。[註9] 第一に、冒頭の「総則」に地方公共団体という《自治体》が登場し、役割・種類・法人格・事務・名称・事務所・休日などが、規定される。第二に、普通地方公共団体の「通則」として、《区域》が登場する。そして第三に初めて《住民》が登場するが、住民は、「区域内に住所を有する者」（地方自治法第一〇条一項）として、《区域》が存在しなければ存在しないように、あたかも土地から生える草のように、定義される。《自治体》↓《区域》↓《住民》という順序である。

その上で、住民は、役務提供を受け負担分任する存在として、地位が与えられる（同第一〇条二項）。草が、日差しなどの役務提供を受け、稔を負担として差し出すようなものである。つまり、住民は、まずもって、区域を媒介とする対象住民として、位置づけられなければならない。その後、選挙権・直接請求権が規定されるように、市民住民の登場は次順位である。さらには、公務住民は必ずしも規定されていない。したがって、《自治体》↓《区域》↓《住民》という順序で考察されるべき住民とは、第一義的には、対象住民なのである。これが、本稿が対象住民を最優先で取り扱う根拠である。

B　公民についての補論

一　「行政させる者」の役割という実働・負担

対象住民に触れる前に、住民に似た概念である「公民」についても検討しておきたい。

行政職員に行政させる役割という意味では、公選職政治家である首長・議員も、広い意味では、市民住民に含められる。特に、無給ボランティアの名誉職として首長・議員を想定すれば、こうした「理事」「役員」としての機能は、市民住民の役割の一種である。しかし、「行政させる役割」を果たすことは、実働を要するもので、決して楽な仕事ではない。むしろ、一種の負担でもある。この面は、「公民の義務」として負担感を持って受け取られることもある。[註10]

「公民」とは、市民住民の達成感や権利・要望の側面を本来は持っているにもかかわらず、負担感・使命感や責務・義務の対象住民の側面や、実際に実働しなければならないという公務住民の側面に、ひきつけた位置づけを、潜在的に含んでいるのかもしれない。例えば、投票行為を、選挙権・投票権という権利として捉えれば、市民住民の側面で理解することになる。しかし、投票に行くことを公共・公益活動または仕事・実働・業務として捉えれば公務住民の側面になるし、義務・負担・面倒として捉えれば、対象住民の側面で理解することになる。実際、自分の一票で当落に影響するとも思えない投票行動は、たとえ休日の三〇分で済むにせよ、義務的な面倒な仕事である。町内の火の用心の巡回に駆り出されるのと似ている。とはいえ、「公民権」という用語もあるくらいであり、やはり「行政させる役割」は、義務であろうと権利であろうと「市民住民」の側面でもある。

二　公民の持つ義務的側面

歴史的には「公民」とは、微妙な概念である。大化の改新の「公地公民」という意味では、「小さな家＝私」である豪族ではなく「大きな家＝公」である天皇家が、いわば、家産国家として支配・所有する人民であるから、対象住民そのものである。その後、江戸（幕藩）体制の各武士集団が支配していた人民が、江戸体制瓦解後の一八六九年に「版籍奉還」された。これも一八七三年の地租改正と相俟って、公租を課すための国家所属の人民である。このように「公民」＝「納税という義務を課す相手方」という発想に立つと、対象住民にひきつけられる。

さらに言えば、市民住民として自治体行政を統制すべき役割さえ、主権者から公民に賦課された「自治する義務」と位置づけることも可能である。天皇主権の明治国家における地方自治制は、この「奉公」の色彩が濃厚である。しかし、主権者が、天皇や国家であれ、国民であれ、同様の論理を展開することも可能である。主権者である国民から、各自治体の公民に「自治する義務」が課されるともいえる。こうすると、市民住民と対象住民の区別は相対的になる。[註11]

しかし、戦後体制では、むしろ、主権者である国民は、各自治体の住民には「自治をする権利」及び「自治をしない権利」を認めたのであり、「自治をする義務」は課していないと考える方が、自然かもしれない。「地方自治の本旨」の「住民自治」[註12]には、「自治しない権利」も含まれ、「市民住民」が「自治しない権利」を行使しても、さらには、「間違った自治をする権利」を行使しても、主権者あるは主権者から信託を受けた他の機関（通常は、国会、内閣、裁判所、他の自治体）から、それらの機関から見て正しい「自治する義務」を強要されない、あるいは、「自治を代行する」ことを求められない、ということであろう。

三　小括

住民は何か、というときに、市民住民・公務住民・対象住民の三つの側面が渾然一体となって、公民と重なりあいながら、議論される。実際、例えば、市場経済での生産消費者（プロシューマー）的に、公共サービスでも公務住民と対象（顧客）住民とが渾然一体となることはある。[註13]

しかし、具体的に見ると、渾然一体の重なった存在である「重民《じゅうみん》」は、個々の多様な局面において、やはり切り分けて考える方が有用である。というのは、原理的に言って、市民住民と公務住民と対象住民とは、三面等価や三位一体ではなく、相互に微妙な乖離が看られるからであり、単なる「重民」ではない。以下、住民の対象住民の側面を中心に、住民に密接に関わる居住や住所、さらには、移転する自由について、検討をしてみたい。

Ⅲ　体制と住所

A　政治体制と住所

一　定住と支配

住民概念の用字上の前提は、「住」していることであり、さらにその含意は、「定住」していることである。政治体制としては、人々が定住していることを前提に、支配を行っていることになるし、さらには、人々に定住させるように支配を行うことになる。

日本の政治体制では、被治者を「草」のように、土地に貼り付けるというのが、統治の長い伝統であった。律令制の公地公民制にせよ、貴族の荘園制にせよ、守護・地頭制にせよ、太閤検地にせよ、江戸体制の領知にせよ、人々は基本的に土地に貼り付けられているモノ（不動物＝植物）である。同時に人々は支配者にとっては、負担分任の源泉を生み出す地域資源であり、「人材」「人財」でもあるから、「不動産」＝作物ということになる。荻生徂徠の学説でも、人々を土地に貼り付けるということが大事である。

明治国家においても同様である。江戸体制における支配権が、人々（領民・籍）と土地（領地・版）とをセットにして、天皇制国家に「版籍奉還」された。その下で、戸籍を作成し、地租改正によって負担分任の仕組みを転換した。地租・戸籍制は「近代的公地公民」でもあり、臣民を土地と家（戸）に縛り付け、徴税や徴兵や徴学[註14]という税制・兵制・

学制による支配を行うものであり、逃亡あるいは流民を許さないことになる。[註15]

二　移転の自由と支配

一方で、近代国家なるものの国民には、国内では「居住移転の自由」がある。[註16] 植民地・半植民地（租借地など）ではない「対等」な外国との関係では、移動・移住・移民の自由は必ずしもない。それゆえに主権国家体系でもある。移転の自由は国内限りである。また、マルクスの言うように資本主義国家なるものは、「二重の意味」で「解放的自由」であり、封建的身分拘束からも、土地という生産手段からも、切り離されて「解放的自由」になっている。

しかし、「完全労働市場」の極度の流民を前提にすると、政治体制は人々を効果的に支配することはできない。結局のところ、「移転の自由」を認めた上で、実は一カ所に住所を定めることを要請する。これが、いわば近代主権国家・資本主義国家の「自由」である。生産手段と密接不可分の前近代的な政治経済的支配から、その意味では、土地に縛られて農業に従事するという義務から、自由にした。[註17] しかし、近代的政治支配から自由にしたわけではない。Cで後述するように、住所は移転してもよいが、住所をどこかに定めよ、という政治体制の便宜が存在している。[註18]

B　社会経済体制と住所

一　農業社会

社会経済的側面から見れば、「定住」とは、ある特定の社会経済体制を前提にしている。逆に言えば、すべての社会経済体制が「定住」を前提としているわけではない。列島の歴史でさえも、網野史観が明らかにしたように、稲作農耕の定住社会に暮らす人々が、すべてではないということである。[註19]「中農」「常民」ではなく、「平地人をして戦慄せしめよ」の柳田民俗学『遠野物語』も同様である。[註20]とはいえ、普通に考えれば、狩猟・採集・漁撈・遊牧ではなく、農業社会が定住に親近すると考えられる。

しかし、近代化・産業化にともなって、必ずしも農業ではない社会経済活動に関わる人々が、さらに増える場合に、果たして定住とは一体何なのかが問われる。[註21]非農民が趨勢的に多数になる社会経済体制において、定住を前提とする住所は、農業社会とは明らかに異なってくると考えられる。統治・支配という政治体制の都合とは別に、社会経済体制的な要因が作用するのかどうなのかが、非常に重要になる。

二　工業化・都市化社会への移行

戦前日本は近代化の過程にはあったとはいえ、生産年齢人口の大部分は農業に従事しており、農業社会ではあった。社会経済体制が、第一次産業から第二次・第三次産業中心に転換していくのは、戦後の高度成長期である。[註22]第二次産業が中心であれば工業社会であるが、すぐに第三次産業の比重が大きくなり脱工業化社会となる。この過程で、「民族大移動」ともいうべき人口の社会的移動が起き都市化社会が発生し、農村部・地方圏から大都市部・太平洋ベルト地帯に大挙して流民が発生した。

その都市化過程の第一世代においては、農村部の「故郷」「ふるさと」「いなか」「くに」「在所」に本拠・本籍・実家・本家という基盤・地盤があり、盆・暮れなどに「帰省」するという年周往復運動もあった。しかし、それが二世代・三世代を経て都市型社会となるうちに、こうした「帰省すべき故郷」を持つ人は減少していく。

「住所」とは、特定の近代化過程という、それまでの農業社会を前提にしながら、しかし脱農業化しつつあるなかにある工業化社会・都市化社会での「定住」が想定されていると思われる。実際、工業であれば工場・事務所・営業所、商業・サービス業であれば店舗・事務所と、通常の経済活動には生産手段の固定がある程度必要である。その意味では、「定置」的側面もないわけではない。魚群を追って遠方まで出かける回遊性を有しうる遠洋漁業に対比して言えば、沿岸漁業、養殖、定置網というようなものである。

しかし、家内制手工業の自宅兼工場や、商店街の小商店に見られる自宅兼店舗、さらに、多少の規模が大きくなっても、住込み・飯場・寮のような形態ならばともかく、通常は職住分離がなされてくる。従って、農業社会で想定されていたような、生産面での定置の必要性と、生活面での定住とは必ずしも一対一の関係ではない。そもそも、林業は通いが普通であるし、「モデル」的な農業においても職住分離は可能である。[註23]

いわば、過去の消滅しつつある農村社会における職住近接の尺度を、その後の工業化・都市化社会においても残像として借用し続けたわけである。しかし、そうした残像には賞味期限がある。その先の脱工業化社会・都市型社会・情報化社会という社会経済体制に適した「住所」の概念は、必ずしも明らかではない。

三　流民化社会

村落共同体という生産面での定置の残像を踏まえて、第二次・第三次産業が組織化してきたのが日本型企業である。職住分離ではあるが、生産面での終身雇用は、ある程度の定置を可能とする。そして、持ち家政策や通勤手当などの支援によって、通勤範囲での定住を促す。全国的な人事異動はありえるが、異動先に引越して定住するし、しばしば、持ち家に家族を定置したまま単身赴任する。しかし、今日では、農業からだけではなく、商工業・サービス業の定置的生産拠点から切り離された人々は、「ひきこもり」とか「寝たきり／寝かせきり」とか「徘徊」とかしており、「施設」とか「サイバー空間」とか「プライバシー空間」とか「路上」とか、いろいろな空間に散在することになる。

さらに、長期安定雇用がなければ、企業自体は同一箇所に定置していても、個々の労働者はどこに派遣されるか分からない。非店舗型企業やブラック企業など、そもそも定置もしてない。さらに、同じ勤務先であっても、貧困化と格差社会によって、住居のないまま、ネットカフェなどで転々と過ごすこともあり得る。今日の経済活動には、生産面でも生活面でも、必ずしも「定住」は必要ではない。さらに、遊牧民・行商人・海賊などの情報社会での新形態「ノマド」は、経済活動自体も固定した場所で展開する必然性は減ってきている。[註24]

これらの流民は、一体どこの空間にいるのか、そもそも「居住」しているのかということ自体が、明らかではない。戸籍や「本籍」という概念に限界があるのはもちろんであるが、[註25]それを補うものとして、農業的な社会経済体制の村落共同体の残像を前提とした工業化・都市化社会での「住所」と「団体」という概念でも、すでに記述することは困難である。[註26]

C　四次元時空間と住所

一　住所零説・住所無数説の否定

住所の定義は、自治体行政学では深く考察されることはなかった。通常は、市民法体系から借用する。それによれば、住所複数説・単数説があるわけであるが、最も重要な「パラダイム的非決定」は、住所零説ないしは住所無数説を認めないということである。[註27]これが、市民法体系という近代主権国家的な支配権力・政治体制の側からの期待である。

住所零説・無数説を江戸体制的に言えば、「無宿」ということになる。現在では「住所不定」となる。しばしば、犯罪報道で「住所不定無職」というと、いかにも、それだけで「犯罪者」に相応しいというイメージを与える。あるいは「ホームレス」「路上生活者」と呼ばれる。政治体制的には、住所のない人を社会からの逸脱者と位置づける傾向がある。[註28]

その論理は、支配の便宜として理解することができる。政治体制である近代主権国家の側からすれば、住所はどこか一カ所に定置させたいという要望が有り得るだろう。住所複数説は、せいぜい、一程度の少数であれば、何とか便宜が図れるかもしれない、という判断である。しかし、零では困る。また、支配の便宜を考えれば、できれば複数も避けたい。ということで、特に公法上の住所は単数であるとなる。[註29] 近代主権国家としては、国内のどこか一カ所であれば、いわば、どこでもよいのかもしれない。もちろん、実務的には、どこでもよいからどこかに決めよ、というだけでは成り立たないので、どこか一カ所を即地的に指定する必要はある。ただし、一カ所を決定する基準は、農業社会ではない社会経済体制では、実は簡単ではない。とはいえ、政治体制としては、どこでもいいから、どこか一つに決まればよい。

二　四次元空間上の所在地への定置

「住所」の決定基準は、「住」の定義や構成要素を分析することを必要とする。[註30]「住」ということと、市民法的な「生活の本拠」とは、いかなる関係に立つのかも理解は容易ではない。当初から、戸籍上の「住所地」(一八九八年から「本籍地」へ変更)に捕らわれずに人間は移動するので、一八八六年には「寄留」制度が創られる必要があった。[註31] しかし、「寄留」と「住」の関係も明確ではない。制定当初[註32]の市制町村制においては、「住民」とは「住居ヲ占ムル者」「総テ」として、定義されていた(第六条)。[註33] もっとも、「住居」という以上、「住」だけではないし、「居所」という「居る」ことに着目した概念もあり、「居る」と「住む」との重複と乖離を解析する必要もある。[註34]

国際私法には「常居所」という概念もある。[註35] その対比で言えば、「常住所」という概念も創出できる。あるいは、それは冗長概念であり、「常に居る」ことを「住む」と同義とすることもできるならば、「常居所」とは「住所」と同義となるかもしれない。もっとも、「生活の本拠」の認定の際の「居住」の客観的事実は、「一定の地に常住」することであり、「常に住む」という概念である以上、「常に居る」ことと「住む」ことは同じでないようである。[註36]

ともあれ、「住所」とは、ある人間を特定の土地の一カ所に指定する即地的定置であるならば、三次元空間を前提とする。しかし、純粋に三次元空間にのみ着目する場合、ある刹那的な時点では一カ所に指定できるが、次の時点には同一箇所に指定できるとは限らない。となると、四次元時空間を考慮に入れて指定することが、時間軸上の継続的支配の観点からは必要な便宜となる。とすれば、時間も含めた四次元時空間での「一カ所」での指定が必要になり、定置には滞在・滞空時間の通時的な長さが含意されることになる。所在地への即地的定置は、ただ「瞬間的に居る」だけではなく、一定の時間軸を踏まえて「常に居る」という意味での「住所」が簡便かもしれない。このように理解すれば、客観的に「最も長く居る」という「長居」するところが、「住所」として「客観」的に指定されることになる。

三　長居の通時性の幅

四次元時空間を通じて「住所」を客観的に指定しようとする場合、「時間的な長さ」という相対的な基準をもとにするのは、実は厄介である。先祖以来代々続いて「長居」するところを「住所」とすることも不可能ではない。例えば、「江戸っ子」は、三代続くことが要件である。こうなれば、出生の段階で「住所」は確定できる。しかし、このような意味で「江戸っ子」＝「江戸に住所を有する者」を定めると、現に江戸という空間に居住している人の多くが「江戸っ子」ではないということで、「住所」を江戸に指定できなくなる。代々同じ土地に「長居」しないと「住所」がないとなると、「住所不定」の者が続出するので、少なくとも移動の自由のある近代的な政治体制としては不便である。

「長居」を判断する時間の幅を短く設定し、「一日を通じて最も長く居る場所」を「住所」とすることもできる。この場合、自宅の場所が「住所」となる人もいるが、「住所」となるとは限らない。長時間労働する人は、職場が「住所」となることもある。もっとも、営業の外回りで転々としている場合には、長時間労働であっても、結果的には、自宅が「住所」となるかもしれない。しかし、「一日」単位の幅で「住所」を指定すると、定義上、日によって「住所」が変わることになる。政治体制としては、一カ所に指定されていればよいのであるが、しかし、それが毎日変わっては、実は簡便ではないので、ある程度の期間で安定していることが便利である。

となると、「住所」には、ある程度の通時的安定性を、政治体制としては期待することになる。「代々」でもなく「一日」でもない通時的な時間的な幅は、一体何なのかは、全く不可解である。「一年を通じて最も長くいる場所」とか、「一生を通じて最も長くいる場所」とかになる。つまり、ある程度、滞在時間が念頭に置かれる。滞在時間であれば、単に計測できる長短で、一番長くに滞在するところに「住所」があることになる。

四　客観的定置の困難性

予め時間の幅の枠内が決まらないと、一番長く滞在している場所も決まらないので、住所は客観的には決まらない。個人に即して住所を客観的に決めようとすると、「一生」という通時性になり、人は死後に初めて住所が決まることになる。これでは、現世の個人の支配にとっては役立たない。ということで、「一年程度」が常識的な通時性の枠となる。[註37] しかし、これは客観的な幅ではなく、単なる支配体制の都合と便宜による恣意的選択である。

そのうえ、このような恣意的な選択の上で、通時的な期間の幅から客観的に定置しようとすると、実は「住所」

は事後的に決まることになり、これまた不便である。「去年一年を通じて客観的に長く居た場所」が分かるのは、今年になって以降であり、「去年の住所」は今年になって初めて指定されることになる。[註38]このままでは不便である。となると、「去年の最も長居した場所」を「今年の住所」と看做す、または、推定するしかない。要は、通時性の時間の幅は、過去に遡る幅なのか、未来に向けての幅なのか、一義的ではない。

過去に遡る場合には、「住所」は一義的に指定されるが、今年の「長居」する場所とは同じとは限らず、これまた不便である。何が政治体制にとって不便かというと、やはり、今年の時点での行政との相互作用に不便ということである。そこで、未来志向に、「今年一年を通じて客観的に長く居そうな場所」とすることになるが、これでは客観的な定置ではなく、単なる予測・予見あるいは思込・妄想に過ぎない。主観的要件とされがちな、いわゆる「定住の意思」とは、未来志向の時間の幅の客観要件なのかもしれない。

住所は一カ所に決まればよい、といっても、簡単なわけではないわけである。結局のところ、「住所」は四次元時空間を前提にするが、時空間的に客観的に定置されることはない。そこで、特定の認定を経た人間活動を選定せざるを得ず、政治体制による政策的な決定次第となる。政治体制による裁量的選択であるから、何らかの価値判断を前提にする。[註39]価値判断であることが意識されないとすれば、単にパラダイム的な非決定がされているだけである。

農業社会という職住近接の経済体制を前提とすれば、定圃・定住に価値が置かれることは便宜かもしれないが、現実には都市化・工業化社会という経済体制の変動過程を貫いて住所が設定されているので、必ずしも農業社会的な定圃・定住を前提にしているわけではない。

五　生活の本拠

一年程度の一定の時間の幅の恣意的設定の上で、住所を客観的に定置する場合、単なる最長滞在地点以外の方法として考えられ得るのが、拠点性である。つまり、ある一定期間内の個人移動（パーソン・トリップ）の軌跡を三次元空間上に投影し、最も中心性の高い地点を「本拠」とすると、住所は客観的に定置できる。例えば、自宅から買い物に出かけて帰宅し、また図書館に出かけて帰宅し、などという軌跡を空間投影すれば、当然ながら自宅が拠点に見えてくる。通勤者であっても、職場と自宅の往復は週五回としても、休日には自宅と別の場所を往復しているだろうから、自宅が拠点となる。

もっとも、職場を拠点にさらに、いろいろな販売先などに往復する軌跡を描くこともあろう。「直行直帰」というのは、勤務形態としては例外だからである。となると、職場を拠点とする往復運動も多くなる。また、なかには帰宅もせずに、直場に泊まり込む場合もある。こうして単純に行跡の中心性を客観的に認定すると、職場が住所になり得る。市民法体系が「生活の拠点」として住所を理解し、単なる「拠点」としないのは、生産または仕事の拠点を排除するためと思われる。その政策的・恣意的理由が問われようが[注40]、ともかく、個人移動軌跡から仕事上のみの軌跡（仕事という点と仕事という点の間の線）に伴う中心性を排除した中心性のある点を「生活の拠点」とするわけである。[注41]

六　消費生活面での政策的定置

人々を掌握する方式として「世帯」を基盤とする方針を採用することを[注42]、政治体制が明示的または黙示的に価値認定をすると、世帯を前提にして住所を定置することになる。[注43] 世帯とは、「家」や「家族」「親族」「姻族」を前提としながらも、それとは同じ紐帯の集団ではない。[注44] しばしば、「標準世帯」として、婚姻で結合した夫婦と実子を念頭に置いているので、「家族」のこともあるが、その範囲は、親族関係として無限に何親等も拡大することは想定されていない。また、同一の家屋に起居しておれば、必ずしも親族である必要はない。その意味で、住宅とか家屋という空間を前提に、共同生活をしていることを想定している。

ここでの社会経済体制は、第一次産業はおろか、第二次産業・第三次産業というような生産を前提にしているのではなく、むしろ、消費・支出を共同で行っている単位、いわば、「家計」である。個々の人々は、生産面で社会経済体制に結合するのではなく、消費面・生活面で社会経済体制に結合する。実際、「生産年齢人口」「子どもの誕生」[註45]などという概念があるように、人々全員が生産に従事するとは考えられていない。[註46]したがって、生産面で人々を網羅的に把握することはできない。そこで、消費生活面が社会経済体制として重要になる。[註47]

そして、その消費経済は、政治体制の面からは、共同消費の単位である「世帯」として把握される。世帯が共同消費の単位であるならば、世帯の構成員の全員に共通する場所が住所として定置されざるを得ない。いわば、共同消費すなわち「生活の共同地」「所帯」である。世帯員全員に共通する場所を、時間の長短にかかわらず、住所とすることになる。すると、昼間に全員はそれぞれに出歩くので、[註48]結局、夜に過ごす場所ということになる。[註49]

七　小括

住所とは、政治体制の便宜から、四次元時空間での定置を要するのであって、一定の時間の幅を前提とする。しかし、時間の幅を加味するがゆえに、三次元空間での即地的定置という客観的認定が不可能となり、政策的判断が恣意的に混入されざるを得ない。そこで、特定地点での滞在時間の相対比重ではなく行動軌跡のネットワーク的な拠点性・中心性を背景に（参照、「五　生活の本拠」）、工業化・都市化社会の職住分離を前提に、家計・世帯・所帯を中心とする消費生活面での把握を選択して設定したのが（参照、「六　消費生活面での政策的定置」）、「生活の本拠」としての住所である。

そして、規範的に言えば、個人は複数人から構成される世帯（「家庭」「家族」）[註50]を形成すること、世帯員は、外泊・家出・漂泊・放浪・徘徊すべきでないことが込められている。単身または独居は原則または標準としては、世帯として想定されていない。

しかし、こうした複数人からなる世帯で、共通重複する拠点で定置的に消費生活を送る、という把握は、流民化・無縁化・独居化社会の現在には、必ずしも合致しなくなりつつあるのである。そうなると、住所という擬制の人為性・主観性が表面化する。

Ⅳ　対象住民と区域・住所

A　「ゾーン・ディフェンス方式」という自治体間分業システム

一　空間投影と空間帰着

Ⅳでは、対象住民の観点から、Ⅲまでで論じた「住所」を有する住民は、自治体とどのような関係をもち、かつ、空間と関係を持つのかということについて、論じていきたい。そこでは、空間投影と空間帰着が問題となる。[註51]

空間で行政活動の対象を分業・仕分けするときに、内在的に空間に固着している対象と、空間には固着していないものを、どこかの空間に便宜的に投影するということと、二種類あると言える。譬えて言えば、植物と動物、不動産と動産の違いのようなものである。

行政対象である人間の場合は、「民草」として解されており、比喩的にも「植民」「入植」されることもあり、また、「植木鉢」や「植物状態」と表現されることもあるが、実態的には人間は動物であって植物ではないので、土地に固着しているわけではない。[註52]したがって、本来は、一義的に空間に帰着させることはできないから、そういう可動的な行政対象である人々を、支配の都合から空間で仕分けるには、空間投影するしかない。どこかの空間に人々の写像として投影するという擬制としての処理をする。

空間に固着・付着している行政対象は、空間帰着の問題となる。削ぎ落として言えば、土地そのもの、あるいは土地に付着した不動産・固定資産自体である。これは文字通り動かない。空間的に動かないものに対しては、区域で分業を設定するのは簡便である。もっとも、「不動物」の範囲はどこまでかは、微妙である。「町並み」の構成する建物自体は不動物であるが、実際に「町並み」を形成するのは、動く人間の活動が前提である。当然、「賑わい」は空間的に存在する活動現象の総体であり、固着はしていない。具体的に考えていくと、空間投影と空間帰着は、徐々に遷移するものと言わざるを得ない。

二　ゾーン・ディフェンス方式とマン・ツー・マン方式

「国民」や「在住外国人」などという何らかの行政対象である自然人を、自治体行政の間で機構として分担して管理するときに、分業の管轄を空間によって指定する。これが、「ゾーン・ディフェンス方式」という自治体間分業システムである。これに対して、特定の人間に特定の自治体を一対一で専属的に割り当てる、いわば「マン・ツー・マン・ディフェンス方式」という自治体間分業システムも考えられよう。[註53]

この対比は、国際法でいう国家管轄権の根拠としての「属地主義」と「属人主義」の差異の国内版に類比しうる（自治体管轄権）。[註54]「ゾーン・ディフェンス方式」という自治体間分業システムは、設定されたある区域（ゾーン）に入ってきた動く対象については、当該区域（ゾーン）を管轄する自治体の行政対象として認定する方式である。行政対象のうち、このように仕分けられた人間が、自治体の対象住民となる。

三　現在地主義と現住所主義

対象住民がゾーン・ディフェンス方式の原理によって管轄が特定されるならば、必ずしも、当該区域内に住所を有する「住民」に限定する必要はない。つまり、ゾーン・ディフェンス方式を厳格に貫くと、「現在地主義」[註55]になるべきであって、「現住所主義」ではないということである。むしろ、空間投影によるゾーン・ディフェンス方式の強みは、特定の住所に定置せずとも、分業関係を処理できるところにある。だから、「住」民でなくともよい。

ゾーン・ディフェンス方式の原理を徹底すれば、動物である人間を現在地によって、管轄する自治体を決めることになる。当然、住民基本台帳に登録されていないという意味での非住民に対しても、ゾーン（区域）を管轄する自治体行政側が、対象住民としての任務を行う。ゾーン・ディフェンス方式の純粋型は現在地主義である。ゾーン・ディフェンス方式の自治体から見れば、個々の行政の事務に応じて、あるいは、人間の移動の実態に対応して、対象となる人間が変わってくる。[註56]逆に、個々の人間から見れば、個々の事務・サービスに応じて、管轄してくる自治体が異なってくる。例えば、制限速度違反のような道路交通に関する現場の取締は、住所地や運転免許証の発行自治体とは関係なく、現に自動車を走らせている道路の、道路管理者ではなく、所在する都道府県の管轄を受けることになる。[註57]

純粋ゾーン・ディフェンス方式＝現在地主義の最も典型的なものが、行旅病人・死亡人取扱行政である。[註58]簡単に言えば、どこに居住していようとも、居住地・住所地ではない行旅先で「行き倒れ」たら、行旅先の当該市町村は対処しなければならないというものである。死亡人はもはや「生きた人間」ではないかもしれないが、行政対象である「人間」は、通常は検死・埋葬に至るまでの屍体を含む。また、行旅病人は、まぎれもなく「生きた人間」であり行政対象である。行旅人と、取扱を分担する自治体行政とは、現在地という以外には何ら関係がない。

行旅人は、動物としての動きを持った最も動物らしい漂泊・徘徊・流浪・彷徨する人間であり、土地に固着（＝「土着」）している人ではない。しかし、行き倒れとは、その地で不動化して定置されることである。基本的に、動き回る人間が、たまたま、あるゾーン（区域）に入り、動けなくなると、ゾーン・ディフェンス方式で行政対象を分担している自治体は、動けなくなった人間を行政対象とする任務から逃れられない仕分けとなっている。[註59]

B　折衷型の自治体間分業システム

一　「ゾーン・マン折衷ディフェンス方式」という自治体間分業システム

個々の人間に、特定の住所を割り付けて、その住所を媒介に一義的に対象住民を指定する現住所主義を採用すると、ゾーン・ディフェンス方式としての自治体間分業は原理的には貫徹できない。住所を移転するという異動に関しては、その刹那時点では、現在地主義と現住所主義とは両立する。しかし、ひとたび住所地によって対象住民を特定すると、住所移転＝異動という形態以外で当該住民が空間を移動してもなお、住所地の自治体が当該住民を、管轄し続けなければならないことになる。移動と異動は、意味が違うのである。

例えば、上記のとおり、道路交通の取締は現在地主義であるが、[註60]運転免許証の発行は、住所地の都道府県公安委員会によって行われるので、現住所主義を採用している。従って、速度違反をした際に、現在地主義に基づき、住所地外の警察から取締を受けても、減点（停止・取消）・反則金などの処分を受けるのは、現住所主義に基づき、住所地の公安委員会からなのである。

いわば、現住所主義では、人間を住所に定置して、住民の自治体間の管轄を住所という空間上の位置に基づいて決めるところまではゾーン・ディフェンス方式であっても、ひとたび、特定住民に特定自治体が割り付けられると、一対一の専属的な関係となって、マン・ツー・マン・ディフェンス方式に変質することがある。こうして、住民は、住所を有する自治体に、紐付けられることになる。現実の自治体は、現住所主義により、ゾーン・ディフェンス方式の原理を貫徹しきれてはおらず、マン・ツー・マン・ディフェンス方式を濃厚に取り入れた、「ゾーン・マン折衷ディフェンス方式」となっている。[註61] 住所とは、折衷の媒介項なのである。

二　現住所主義と現在地主義との折衷

現住所主義は、厳格に適用すれば、住所を有する住民のみを対象住民として指定するものである。現行の地方自治法制では、「住所を有する者を住民」は、「その属する」自治体において、「役務の提供をひとしく受ける権利」と「負担を分任する義務」を持つと、総則的に規定されている（地方自治法一〇条一項・二項）。[註62] その意味では、現住所主義を原則としては採用している。しかし、Aで前述した通り、ゾーン・ディフェンス方式により、住民以外にも、当該自治体区域に来た人間に対して、役務提供し、負担分任をさせ、さらに、その他の規制もしている。例えば、住民以外に対しても、道路インフラを提供し、清掃・廃棄物処理をし、消防をし、交通違反や路上喫煙を取締り、地方消費税・固定資産税などを担税させている。

これは、明らかに自治体が、現在地主義にも同時に依拠していることを意味する。現住所主義自体が、ゾーン・ディフェンス方式とマン・ツー・マン・ディフェンス方式という点からは折衷的なのであるが、その折衷的な現住所主義は、さらに、ゾーン・ディフェンス方式に忠実な現在地主義による対象住民を決定することと、折衷になっている。二重の折衷がなされている。

三　動物性の帰結

人間は移動の自由があるから、本来的には国内の区域間を横断的に動き得る動物である。そのような人間を、特定の住所を一カ所指定することによって、その住所を管轄する自治体の対象住民として専属的に割り当てることができる。そして、人間は動き回るから、住所を一カ所に指定されても、そこに固着しているわけではない。したがって、対象住民の管轄を安定させるためには、どこまで動いても、一定の期間は、対象住民と管轄自治体の対応関係を変えないというマン・ツー・マン・ディフェンス方式＝所属主義が、かえって便利になる。つまり、人間は動き回るがゆえに、ゾーン・ディフェンス方式＝現在地主義が必要だが、まさに動き回るがゆえに、マン・ツー・マン・ディフェンス方式＝所属主義も必要になる。

一カ所にだけ定置された単数住所は、対象住民の自治体間分担を決める簡便な基準となる。仮に、住所が複数あると、複数の自治体の分担となり、自治体間での別個の分業調整のメカニズムが追加される必要がある。純粋ゾーン・ディフェンス方式＝現在地主義でも、空間上の区域によって分担は明瞭であるから調整メカニズムは不要にみえるが、時間進行におけるシームレスな調整と分担は実は厄介である。所属主義の要素が混入すると、調整メカニズムはさらに複雑である。従って、住所は必ず一カ所でなければならないかと言えば、必ずしもそうではないが、一カ所である方が、政治体制としては簡便で好都合である。[註63]

C　強制分業制

一　強制割当性

狭義対象住民（現住所主義）あるいは対象現在地民（現在地主義）は、区域によって管轄する自治体が決められている。このことは、当該自治体からすれば、行政対象を強制的に割り当てられていることを意味する。つまり、自治体間では、強制分業制が成立している。

行政対象である人間が可動的であるという意味では、自治体は行政対象に対しては開放的である。自治体は行政対象である人間を取捨選択することはできない。そして、ある自治体から見れば、ある人間が当該自治体の行政対象となるか否かは、区域（ゾーン）に現住／現在するか否かによって強制的に決まる。自治体には「開放的強制性」がある。[註64] また、ある人間から見れば、ある自治体の行政対象となってしまうかどうかも、自らがどの区域・ゾーンに現住／現在するか否かによって強制的に決まる。ただし、当該人間は、移動をすることによって、別の自治体の行政対象になることを選択することは、可能である。人間には、強制相手先を選択するという意味で、「選択的強制性」がある。

この管轄分業の強制性は、複数自治体の国土内での遍在性と表裏一体である。国土空間が複数の区域に分割され、そのそれぞれの区域に自治体が割り当てられ、自治体の管轄空間が整然としたモジュールとして、空隙も重複もないタイルとして国土空間が、遍く覆い尽くされていることから、管轄分業の強制性が発生する。[註65]

ある区域を管轄する自治体が割付分担を拒否した場合、その行政対象は、ゾーン・ディフェンス方式の原理からは、他の自治体の管轄には入らないため、結局、どの自治体も管轄しないという遺漏が生じるからである。政治体制の政策判断として、行政対象の把握に遺漏を生じさせないためには、強制分業を一国内自治体間システムにおいて実現しなければならない。

二　個体自治体の視点

個体自治体の視点から見れば、仮に当該自治体の行政対象の認定の原理がゾーン・ディフェンス方式であったとしても、それは必要条件に過ぎず、区域に入った人間その他を、すべて当該自治体の行政対象として認定しなければならない、充分条件としての必然性はない。むしろ、何を行政対象と認定し、何を行政対象と認定しないかは、自治体の政策判断次第である。現実にも、自治体は自己の管轄区域におけるすべての人間活動を、自らの行政対象として認定しているわけではない。[註66] もちろん、森羅万象すべてを自治体の行政対象として、潜在的な管轄として認定してもよい。行政対象の認定は、自主的な総合性に基づく政策判断であり、個体自治体にとって強制される問題ではない。要は個体自治体にとっては、行政対象の割付の強制性は、本当には必要ないどころか、むしろ自治制約的である。

また、個体自治体にとっては、国土全域に自治体群が遍在する必要もない。個体自治体の行政対象の認定原理が、仮にゾーン・ディフェンス方式であったとしても、自己の区域に入った人間その他を、行政対象として認定すれば足りるのである。自己の区域外の人間その他は、そもそも当該個体自治体の無関心圏にある。自治体が管轄する区域内においては、その区域内はゾーン・ディフェンス方式で行政対象が決まるが、同時に、区域外は行政対象とならないことだけが確定する。近世の村と村の個体間にはそれぞれの村に属さない境界領域があり、そこは、「あとは野となれ山となれ」と、個体の村から外界の野・原・山などとなる。[註67]

三　外発的な強制性・遍在性

個体自治体にとって、強制分業制が発生するのは、あくまで外発的な要因である[註68]。一国空間内での区域モジュール間の分業体系を構築するため、一国全体から見た場合には、自治体群に遍在性と強制性の双方がなければ、仕分けの論理が成立しない。強制分業制は、個体自治体から言えば、国家または国から強制されているものである。通常は国が構築する一国空間内の自治体間分業システムとして、――単体としての個体自治体が行政対象に対して強制性を選択しているのではなく――ゾーン・ディフェンス方式を分業原理として、自治体間における強制的割当を設定されている[註69]。

個体自治体が行政対象を取捨選択する自主性・自律性を持つことは、個体自治体としては何ら困ることではない。むしろ、自治的な観点からは望ましいともいえる。しかし、このような個体自治体による選別は、結果として、どの個体自治体からも排除されて、行政対象とならない人間その他を生み出すという点において、国にとって、または、潜在的な行政対象である人間その他にとって、不都合を齎すことがある。

潜在的行政対象が、現実の行政対象から遺漏すると、こうした人間その他が困り、その対策を求めて、国に要求をすることで、国も困るからである。個体自治体が管轄を引き受けない場合、結果として「補完性の原理」が作用して、国が行政対象として引き受けざるを得なくなりかねない。いわば、個体自治体の「我儘」な選別の結果、国に押し付けられる。このような事態を国として「我儘」に回避するのが、自治体に対する「強制割当制」(強制的割当がなされるような制度・仕組み)である。個体自治体の側から見れば、強制割当制は、自治体としての固有の要請ではなく、要は「我儘」な国から押しつけられているものである。国は政治体制の便宜として、どこでもよいから、どこかの個体自治体に行政対象を押し付ける。

近代主権国家は、主権の及ぶ一国空間内においては、人間という行政対象の「移動の自由」を認めつつ、しかも全事務を国が直轄するのではなく、しかし、同時に政治体制として、人々を支配しなければならない。このような「天網恢々疎にして漏らさず」の支配のためには、「地網恢々」として、ゾーン・ディフェンス方式を設定するのが、一つの対処方法となる。相手方が動くことを前提に、区域管轄を分けることで「ディフェンス」をする。相手方が全く動かないのであれば、そもそも区域を設定する必要はない。しかし、その区域機構が、自主的・自治的な意思を持って、行政対象の取捨選択をはじめては、近代主権国家としては困る。そこで、可動性を前提にした強制分業という「開放的強制割当」という支配の形が、近代以降の主権国家のなかの自治体には及んでいる。

四　負担調整と自己負担の自治擬制

開放的強制割当は、国と自治体の関係においては、緊張を孕むことになる。国側が一方的に行政対象を仕分けて割付ける論理が非常に強いときには、強制された個体自治体側から不満や反発が起きうる。国の管轄割当の決定自体が妥当であることの弁証が求められる。

そして、それは、行政対象を、(多く) 割当られた個体自治体 (群) と、(少ししか) 割当られていない個体自治体 (群) との、受益・負担の均衡問題としても浮上するので、単に国・個体自治体間の問題ではなく、全個体自治体間という自治体個体群あるいは自治体システムの問題でもある。[註70] 加えて、システム全体としての割当に不満を持つ個体自治体が、仕分けを若干裁量的に変更した場合に、その変更をシステムとして、つまり、国や他の個体自治体群として、了解するかどうかという問題でもある。[註71]

ゾーン・ディフェンス方式の原理は、現住所主義／現在地主義とともに、自治体に管轄区域を割付けたことを前提に、その管轄区域を介して、行政対象の割当の妥当性を納得してもらう考え方である。自治体間で区域が一義的に画定されれば、行政対象の強制的な割当には、疑義が差し挟まれにくいからである。とはいえ、それが了解され得るのは、強制負担に関して、国・諸自治体間での調整がなされれば、である。そして、その負担調整をできるだけ減らして納得させるというのが、同時に「受益と負担の均衡」という、あるいは、役務享受と負担分任のセットという、自治の擬制なのである。

D　強制分業制と政治体制

一　悉皆性の要請

区域を媒介とする対象設定は、分業体系としては利点を持っている。行政対象に重複と空隙を齎さないことである。つまり、行政対象に冗長・混乱や遺漏・欠損が発生せず、悉皆掌握ができる。もちろん、この利点は、個体自治体にとってのものではない。個体自治体は、自らの必要性に応じて、過不足なく対象を認定すればよく、区域が他の自治体の区域との間で重複・空隙があろうとなかろうと関係がない。個体自治体の観点ではなく、一国システムとしての分業全体として、国・自治体のどこかの機構に割付をするという論理が非常に強く作用している。

この利点の由来は、区域に基づく分業だから重複・空隙がないということではない。設定されている区域自体が重複・空隙がなく遍在性を持つから、区域を媒介とするゾーン・ディフェンス方式を取る限り、重複・空隙がない、ということである。だから、これは同義反復的な利点である。区域自体に重複・空隙があれば、ゾーン・ディフェンス方式をとっても、重複・空隙が生じる。したがって、重複・空隙のない諸区域に区画できたこと自体が、近代主権国家にとっては重要なのである。

二　区域に依らない悉皆可能性と限界

区域以外の重複・空隙ない「何か」に依拠して、あるいは、そもそも、直截に掌握して、行政対象を割付できれば、悉皆掌握はできる。[註72] 例えば、すべての四歳児は必ずどこかの幼稚園・保育所に通園・入所しているとすれば、幼稚園・保育所を通じて四歳児を悉皆掌握できることになる。しかし、現実はそうではない。そして、幼稚園・保育所に通園・入所していない四歳児は、幼稚園・保育所を媒介とする割当を通じては、追跡把握することはできない。同様に、すべての成人が、勤労義務を遵守して、必ずどこかの会社で働いているのであれば、会社を通じて悉皆掌握できる。しかし、現実はそうではない。幼稚園・保育所や会社などを通じて掌握できない行政対象の遺漏を追跡し、悉皆的に把握するには、空隙・重複のない格子が必要なのである。このときに区域が有用なのである。

例えば、学校教育という公共サービスは、私立学校でも国立学校でも可能であり、別に自治体行政に固有の任務ではない。高校の場合にも、私立も国立も公立もある。高等学校の教育サービスの対象となる学生については、「学籍」という形で身分・地位が設定される。公立高校の生徒になれば、自治体の行政対象として管轄が決まる。公立高校の生徒になれる範囲が、住所を有する住民に限定されるとすれば現住所主義であるが、若干の「越境入学」を認めることもある。ただし、近隣区域という意味では、「拡大現住所主義」ともいえよう。しかも、全国から生徒を募集することも、排除されているわけではない。もっとも、通信制ではなく通学する以上は、入学後はその区域に現在し、通常はその自治体の区域に居住することになるので、現在地主義かつ現住所主義が貫徹されるのが普通である。とはいえ、入学後に近隣県に引越をしても在学資格の取消にならないとすれば、現実的な通学圏内という意味で、拡大現住所主義になることもある。

しかし、すべての一五歳青年が公立高校に入学するとは限らない。私立学校や国立学校に入学する者もいれば、学校に通わない者もいる。高校教育サービスの場合には、義務教育ではないので、遺漏が発生しても構わないのかもしれない。そもそも、一五歳の人間全員に高校教育サービスを権利として保障しているのでもないので、一五歳人口に対して国公私立高校の入学総定員が上回らなければならないわけでもない。しかし、仮に「高校全入制」のように、高校教育サービスを重複・遺漏なく提供しようと判断すれば、学校単位での把握では悉皆性を担保できない。[註73]

三　義務教育と皆保険

悉皆性の観点が重要なのは、「義務教育＝普通教育」と呼ばれる小中学校教育サービスである。小中学校も高校と同じく、国公私立学校によって提供されているが、個体学校を通じるだけでは、重複・遺漏なく普通教育を提供できているかどうかは、掌握できない。理屈上は、普通学校教育を受けさせる義務を負っているのは保護者であり、保護者に義務を課しているのであるから、保護者はどこかの学校に通わせているはずだ、と看做すことはできる。しかし、保護者または本人任せでは、重複や空隙の存在を行政として把握することはできない。

現実にその義務が果たされているかを行政側が確認するには、個体学校を通じて子供の通学状況を把握するだけでは不充分である。個体学校からのデータを統合し、かつ、六歳から一五歳の子供全員との突合が必要になってくる。この突合は、もちろん、全国ベースで行うことも可能であるが、業務量が厖大であるから分業が必要になる。そのときに、重複・遺漏のない割付は、結局のところ、区域を媒介に管理するしかない。すなわち、重複・遺漏なき区域を割付けて分業している自治体を使うことになる。

自治体単位に掌握の格子が戻るのであれば、国公私立という個体学校での在学状況を集計するより、まず、自治体単位で先に掌握するのが簡便である。一般的に、学齢期の子どもは公立学校に通学する潜在的な行政対象とした上で、国私立学校に通学している者を追跡すれば、普通教育サービスの悉皆性／遺漏性が把握できるようになる。自治体が、区域を媒介に、網羅的に分業して把握する仕組みには、それなりに利点が認められてきたのであろう。

悉皆性の観点が重要なもう一つの代表が、皆保険である。しかし、社会保険制度は、沿革的には被用者保険が先行してきた。[註74] 職域という機能別・職能別の仕分けである。被用者は、どこかの会社に入っているので、職域保険をすべての職域に整備すればよい。しかし、会社の倒産、失業、無職、定年退職・高齢、転職や、社会保険対象外の非正規労働者など悉皆性を阻害するさまざまな要因がある。職域保険が設立できないときや、業界自体の衰退で職域保険を維持できないときもある。さらに、直接の被用者でない被扶養者を家族・世帯の紐帯で把握することも、技術的に難しいことがある。つまり、職域だけでは遺漏がないという悉皆性を保証できない。落ち穂拾いをするには、一般制度（全国保険）か地域別保険を設定せざるを得ないのである。[註75]

これも、個体自治体という観点からよりは、国全体として自治体が何か分担しあうときの分業システムとして出てきているものである。個体自治体の自主的な意思決定からすると、逆に言えば迷惑な話ともいえる。

四　ゾーン・ディフェンス方式の弱点

区域モジュールが国土空間に遍在する場合、悉皆性が確保できるのがゾーン・ディフェンス方式の強みである。しかも、マン・ツー・マン方式であれば、行政対象が遠方に移動しても、追跡・把握し続けなければならないが、ゾーン・ディフェンス方式では、当該区域内のみでよいので、遠方追跡が不要である。その意味で、ゾーン・ディフェンス方式は人間の動物性にも対応しやすい。

ゾーン・ディフェンス方式は、人間の移動性を前提に設定しているが、同時にそこが弱点にもなる。ゾーン・ディフェンス方式をとる場合、行政対象が動くと、それに合わせて自治体間で円滑に移管しなければならない。その典型は、住民異動という転出転入手続である。個体自治体間の連携プレーが非常に重要になってくる。区域内の対象住民を的確にお互い分業できているかが問われる。ゾーン・ディフェンス方式は、マーク対象の受け渡しという移管がシームレスに円滑でなければ、ノーマークを作ることになる。その意味では、実は、行政対象の移動に弱い仕組みである。

従って、ゾーン・ディフェンス方式であっても、すべての移動に対して正直に移管・事案移送をしていたのでは、かえって遺漏が起きる。そこで、実務上の割切りが必要である。日周移動、短期移動、年周移動、多年期移動、非周期的・突発的移動、永久移動など、さまざまな移動形態がある。遊牧民的なノマドの掌握には、ゾーン・ディフェンス方式は非常に困るのである。そこで、上述のようにマン・ツー・マン方式を加味した現住所主義による割付が折衷されてくる。

対象住民の問題は、的確にどの個別自治体がどの個人を管轄しているのかということを、自治体個体群として分業体制を構築することである。いわば、住民同士の連帯というよりは、自治体同士の連帯が問われている。的確にチームとしてディフェンスの網《ネット》を張れているかどうか、ということが大事なのである。その意味で、極めて集権的・投網的である。地方自治制度は、近代主権国家のなかでの分業ネットワーク体系としての性格をも、非常に強く持ち続けていると思わざるを得ない。そして、そのような集団的な強制割付の分業体系という性格を、隠蔽するために、あるいは、緩衝するために、自己統治あるいは自治の擬制が、内在的に埋め込まれる。

おわりに

A 「移動する自治体」

一 対象人間集団を管轄する自治体の可能性

いわゆる「移動する自治体」は、ゾーン・ディフェンス方式を放棄することで、理論的に構想することが不可能ではないだけでなく、現実のものとして現代でも存在する。[註76] 自治体とは、団体として所属する構成員によって、その構成員を対象住民として活動をするマン・ツー・マン・ディフェンス方式の存在であると割り切ってしまえば、「空間なき市町村」になる。[註77] あるいは、構成員のある団体とせずとも、単にマン・ツー・マン方式で、自治体に対象住民を管轄対象として紐付けていれば、同じことが可能である。

ローカル・ガバナンス（地方治態）にとって、空間や区域は不可欠の構成要素ではない。[註78] 若干の地縁には依拠するものの、領域社団ではなく、むしろ歴史・共通体験や文化・言語・血族を機縁とする社団・結社でもよいし、職域・地域型以外の消費生活協同組合でもよい。[註79] あるいは、単に人間と担当機構との紐付関係でもよい。そのように自治体を構成するときの問題は二つである。

二　対象住民の決定方法〜任意と強制〜

第一は、対象住民の集団である団体としての自治体の構成員、または、構成員ではなく単に紐付けられる対象住民を、どのように決定するのか、という問題である。単純に任意加入の社団として構成するとき、あるいは、対象となることへの登録として構成するとき、団体側の加入または登録の可否決定、および、個人側の加入または登録の可否決定、という二重の任意性（非強制性）が必要であるが、当然、団体に加入または登録しないことを選択する個人または加入または登録を団体から拒否される個人が発生し、個人をどこかの自治体によって管轄させるという国の要請は満たせない。[註80] もちろん、これはあくまで支配体制側の都合であり、個人及び個体自治体にとってはどうでもよい問題である。

支配体制の強制管轄の要請と、個人の団体選択の自由は、ある程度の両立は可能である。すなわち、どこかの自治体に加入または登録することは義務とするが、どこを選択するかは個人に委ねる。ただし、団体側に加入または登録を拒否することができては、支配体制の要請は満たせないので、団体側には強制加入または登録受入制が必要である。個人から見て適切な自治体がない可能性がある場合もある。そのときには、個人または複数個人に新規団体設立の自由を認めないとならないかもしれない。[註81]

任意加入社団または任意登録団体では個人の強制割付が困難であると支配体制が判断する場合、現住所主義というゾーン・ディフェンス方式が折衷される余地がある。もちろん、論理的には、国籍決定における生地主義・血統主義のように、出生地や血統・婚姻で決定することもできる。[註82] 生地主義の場合、出生した区域の自治体に、原則として終生、所属または登録することになる。生地主義は「地」を機縁とした所属または登録であり、若干のゾーン・ディフェンス方式との折衷である。血統主義の場合、父親または母親の所属する自治体に、原則として終生、所属または登録することになる。さらに、日本の制度で言えば、戸籍所在の自治体に所属するまたは紐付けるという地位設定も可能である。[註83] これらの場合には、ゾーン・ディフェンス方式を加味しないことは可能である。

三　行政対象としての物的空間

第二に、物的空間それ自体を対象とする行政を、どの機構が担うのかという問題がある。[註84] これは、国の役割であると言ってしまえば、それで解決可能でもある。[註85] そもそも戦後日本の場合には、空間整序・外部的空間管理に関する行政事務は、自治体は独自の立場ではほとんど持っていない。日本の自治体はどちらかというと、面的な土地利用規制ではなく、点や線の開発事業、または、公の施設の設置など、つまり、非権力的なサービス提供を行う公共事務の役割を中心にしていた。その意味では、人間対象の仕事を中心にしていたので、もともとあまり物的空間対象の仕事の側面が少ない。その意味では、マン・ツー・マン・ディフェンス方式にしてしまう割切りもある。

とはいえ、対人サービスに密接に関わる公の施設にせよ、その前提となる開発・建設事業も、空間的な仕切りのある区域を前提にした規制は行わないとしても、現実には、その事業・施設の立地は即地的に決定しなければならない。一つの地点には、一つの事業や施設しか、同時には即地できないからである。そして、事業や施設建設の結果、何らかの物的構造物が存在すれば、それに伴う利用規制が派生する。その意味で、対象住民に対する行政に純化する自治体といえども、マン・ツー・マン・ディフェンス方式に純化しきることは困難である。自治体がマン・ツー・マン・ディフェンス方式に特化したならば、当該自治体にとってそれは区域外事業・区域外施設であるから、元来の区域に関する別の即地的な自治体などの機構が必要になってくる。

B 「遠隔操縦自治体」

一 亡命政府とコモンズ管理団体

「移動する政府」は、ゾーン・ディフェンス方式を放棄しなくとも、理論的に構想することが不可能ではないだけでなく、現実のものとして現代でも存在する。ある区域に関する外部的空間管理を行うことが、強制設定されていれば、自治体という政府機構がゾーン・ディフェンス方式たりうる。[註86]しかし、その外部的空間管理を、自治体の「行政させる者」（市民住民）や「行政する者」（公務住民）が、当該区域に居住あるいは長居することなく、遠隔的または通処的に行うことは不可能ではない。

例えば、国外亡命政府は、統治機構および「行政する者」だけが移動したのであって、空間とその空間の上に載る大多数の民衆は「国内」に残したままである。多くの民衆を「難民」として、政府という「ノアの方舟」に艦載して一緒に亡命するわけではない。あくまで、亡命政府の帰還を目指すだけである。[註87]

入会地などコモンズ管理は、ある機構が担当するとしても、通常、コモンズに当該機構の「行政させる者」「行政する者」が居住・長居しているわけではない。例えば、川や海の漁場は漁業協同組合や近隣村落共同体のコモンズであったとしても、当然ながら、人々が川や海に住んでいるはずはない。[註88]

二 「遠隔操縦自治体」

ある区域または物的空間を、ある自治体が外部管理すべきコモンズとして設定する場合[註89]、「移動する自治体」であっても、遠隔地から通処・巡回または操縦して、移動前の空間を管理し続けることはできる。論理的には、逆もありうる。旧来のムラ自治体が母村として新たな新田を遠隔地に開拓し、あるいは、本国が植民地を作り、その後も、母村や本国が新村や植民地の物的空間を管理する形態である。これは、「転移する自治体」と呼べるかもしれない。ともあれ、「遠隔操縦自治体」は、一種の財団、財産区、あるいは財産管理団体である土地改良区・土地企画整理組合・再開発組合・マンション管理組合・建築協定、さらには、漁業権を管理する漁業協同組合、農地を管理する農業委員会・農業協同組合など、財産を媒介とした機構を前例として参照しつつ、それを変形した、新たな存在になろう。[註90] 外部空間管理とは、単なる土地や土地に付着した不動産・公物や活動権利の管理ではなく、総合的・一般的な空間に投影され各種活動の公益的な制御の舞台としての地域環境を管理することである。[註91]

ゾーン・ディフェンス方式を含む「遠隔操縦自治体」は、当該区域を行政対象として管轄する。[註92] 当然、ゾーン・ディフェンス方式であるから、当該区域に空間投影された人間は、行政対象となる（対象現在民）。ただし、その対象現在民が、「遠隔操縦自治体」のマン・ツー・マン方式で設定される狭義の対象住民に含まれるか否かは、政策判断の問題である。市民住民と対象住民の乖離が大きくなれば、民主主義の前提となる自同性の擬制は難しくなる。しかし、当該空間での実在人間を、対象現在民としてではなく、外部的空間管理という「遠隔操縦自治体」に任された公務の担い手（公務住民）として位置づければ、この乖離の問題は解消する。遠隔の区域に実在する人間を、対象現在民としつつ、移動先に実在する人間を、遠隔＝沿革の区域に関わる当該自治体の市民住民・対象住民とすると、市民住民と対象現在民の自同性が低くなるように見える。つまり、自分たち住民（市民住民）が自分たち住民（対象住民）を支配するという自治の擬制が、フィクションとしても維持しにくくなってしまう。しかし、遠隔の区域に実在する人間を「公務の担い手」と位置づけることも可能である。その場合には、「遠隔の区域に実在する公務住民」と「移動先に現在する市民住民」との自同性が低いことは問題にはならず、自治の擬制を維持しやすい。自治の擬制においては、公務住民と市民住民との自同性は必ずしも強くは求められていないからである。

「移動する遠隔操縦自治体」の固有の市民住民・対象住民・公務住民は、マン・ツー・マン方式で紐付けることも可能である。あるいは、固有の住民は社団・協同組合の原理で構成員を確定することもできる。管轄区域は、当該団体との何らかの機縁を契機に割付ける。物的対象はゾーン・ディフェンス方式で、人的対象はマン・ツー・マン方式という折衷である。これは一つの設計方法である。[註93]

三　終括

日常的には、自治体にとっての空間や住民は、基礎概念であるからこそ、深くは問われない、漠然とした混雑物である。それが地方自治の既存のパラダイムとなっている。しかし、いろいろな限界的な事件が起きると、自治体と住民と空間が乖離や齟齬を来すさまざまな揺らぎが見えてくる。[註94]パラダイム転換とは、こうした平常時には深くは問われない基礎概念を再構成して、新しい、しかし、深くは問われることのない基礎概念に整理し直すことなのであろう。こうした基礎概念は、再構成したときには、本当は理論的な結晶化がなされていなければならない。しかし、仮に結晶となっていても、事態の進行とともに混雑物となっていくだろう。そして、そもそも再構成時にも、綺麗な結晶になりきることもなく、最初から混雑物に留まらざるを得ないだろう。つまりパラダイム転換とは、混雑物を別の混雑物に整理し直すことなのであろう。[註95]

1　例えば、いわゆる自治体の人的構成要素としての住民である、と理解する考え方がある。自治体の構成要素には、そのほかに、場所的構成要素としての区域、制度的構成要素としての自治権（の国からの分与）があるという（松本英昭『要説地方自治法（第一次改訂版）』（ぎょうせい、二〇〇三年）九三頁）。ただし、必ずしも、住民が自治体という団体の構成員でなければならないというわけでもない。この点は、後述するが、合わせて本書第五章も参照されたい（一六四頁以下）。

2　礒崎初仁＝金井利之＝伊藤正次『ホーンブック地方自治（第三版）』（北樹出版、二〇一四年）。自治制度上は、参政権、公共サービスの享受、負担分任という三つの要素を三位一体的に把握する（参照、山﨑重孝「住所と住民に関する一考察」『地方自治』七六七号（二〇一一年））。つまり、住民は、参政住民、受益住民、負担住民の三つの側面で理解される。参政住民は本稿の市民住民の側面とほぼ一致するが、受益住民・負担住民は本稿の対象住民よりはかなり狭い部分集合である。受益者と負担者の一致は、市場経済学的な観点からの自治とも整合的である。しかし、受益と負担が一致しないのが財政・公共経済の論理である以上、統治機構としての自治体においては、受益住民と負担住民の一致は、むしろ存在しないこともあると考えるべきである。

3　原島良成「地方公共団体の住民──その法的地位（一）」『熊本ロージャーナル』六号（二〇一二年）。

4　現行地方自治法は、戦前以来の市制町村制を引き継ぎ、団体の規定を冒頭に置き、その後に住民が規定されるという消極的・受け身的な住民規定をしているため、住民は土地に従属する第二の構成要素として、行政客体と位置づけられた、という理解がある（参照、佐藤竺編『逐条研究地方自治法（I）』（敬文堂、二〇〇二年）二三八〜二四三頁）。

5　新川達郎「協働するNPO・市民活動組織」西尾隆編『住民・コミュニティとの協働』（ぎょうせい、二〇〇四年）。

6　金井利之「自治体経営」特別区職員研修所『特別区職員ハンドブック二〇〇四』（二〇〇四年）。

7　ラムザイヤー、M．＝F．ローゼンブルース『日本政治の経済学──政権政党の合理的選択』（弘文堂、一九九五年）三〜八頁、曽我謙悟『行政学』（有斐閣、二〇一三年）一七〜三二頁。

8　金井利之「公務住民側面から見た自治体・空間の関係」『自治総研』四三八号（二〇一五年）。金井利之「市民住民側面から見た自治体・空間の関係」『自治研究』九一巻六号（二〇一五年）。

9　戦前教育を受けた当時の自治制度官僚による、自治の創世神話と言ってもよい。『古事記』では、イザナミ・イザナギという二柱の体がまずあり、次いで、クニウミによって区域を作り、その後、民が草のように生えてくる。ただし、黄泉の国に逝ったイザナミが毎日一〇〇〇人の民を殺すので、イザナギが毎日一五〇〇人の産屋を作る必要がある。

10　戦前市制町村制においては、「公民」には名誉職就任義務が課されており、例えば、市町村会内の内紛に嫌気がさしても議員を辞職すると、義務懈怠として公民権停止処分がされた。公民とは、議員なる名誉職という公務を、無償で精神・肉体実働により負担するものであり、「行政させる者」というより「行政する者」のようである（参照、佐藤・前掲註（四）二三九頁）。

11　小滝敏之『住民自治の視点と道程』（公人社、二〇〇六年）三二頁。

12　ここでの「住民」とは、本稿でいう「市民住民」の側面のことである。

13　小滝・前掲註（一一）二六四頁。

14　「学制」には「徴」の用字はなく、「従」または「就」が用いられるが、ここでは徴兵・徴税に平仄を合わせて「徴学」とする。

15　荒木田岳「戸籍法の歴史的位置」『一橋論叢』一二三巻二号（二〇〇〇年）。

16　飯島淳子「『居住移転の自由』試論」（本書所収、第三章）。

17　近代国家での農民は、土地に縛られているのではなく、職業・産業として農業に従事する経営体となる（参照、松田忍『系統農会と近代日本』（勁草書房、二〇一二年）五頁）。

18　とはいえ、現実には住所のない個人も、制度的には許容されている（参照、遠藤美奈「住所による個人の把握と人権保障」『公法研究』七五号（二〇一三年））。

19　網野善彦『無縁・公界・楽』（平凡社、一九七八年）。

20　三浦佑之＝赤坂憲雄『遠野物語へようこそ』（ちくまプリマー新書、二〇一〇年）四二頁。

21　江戸体制でも、周辺部農村の「在所」から、江戸などに住み込みで奉公に来る場合、「居所」とは乖離する。

22　国勢調査ベースでは、第一次産業人口は、一九五〇年の四八・六％から一九七〇年には一九・三％に急落（半減）した。

23　八郎潟新農村建設事業団『八郎潟新農村建設事業団史』（一九七六年）。

24　本田直之『ノマドライフ』（朝日新聞出版、二〇一二年）。

25 斎藤笑美子「戸籍による国民の把握とその揺らぎ」『公法研究』七五号（二〇一三年）。

26 小滝・前掲註（一二）一六一～一七二頁。

27 「ゼロ」（＝無・零）と「無数」（＝極めて多数・無限大）とは、全く正反対のようであるが、実は同じことである。どこにも住所がないということは、どこでも住所であると言える、からである。

28 支配の便宜からすれば、ホームレスにも住所を一カ所、定置した方が良いといえる。しかし、公園などのテント所在地は、仮に客観的に日常生活が営まれているとしても、健全な社会通念に基礎づけられた住所としての定型性がないとして、「生活の本拠としての実体」はないと運用されている。逸脱者の排除の論理として、住所が使われる（参照、宇賀克也『地方自治法概説（第五版）』（有斐閣、二〇一三年）二二頁）。

29 佐藤・前掲註（四）二五八頁。

30 今井照『自治体再建――原発避難と移動する村』（ちくま新書、二〇一四年）一七一～一七六頁。

31 同上・一八一～一八二頁。

32 「市内ニ住所ヲ有スル者ハ其ノ市ノ住民トス」（市制第八条）へ全面改正されたのは、一九一一年である。

33 旅行者・一時滞在者を除くが、「本籍」か「居留」かは、問わないという。従って、外国人も居すれば住民とされる。また、前述の一九一一年改正との関係から、制定時市制町村制の「住居地主義」のもとでは二つ以上の市町村の住民になることが可能であったという（参照、佐藤・前掲註（四）二四二頁）。

34 「住所」（民法二二条）、「居所」（民法二三条一項）、「仮住所」（民法二四条）、「最後の住所」（民事訴訟法四条二項）についての考察は、筆者の能力をはるかに超える。民法では住所複数説が通説とされ、人の同一性の同定は必ずしも充分な配慮をするものではないという。大村敦志『基本民法Ⅰ［第三版］』（有斐閣、二〇〇七年）一八四～一九一頁。さらに、会社などの法人まで「住所」があるとなると（会社法四条）、「本店の所在地」に、会社の誰が「住む」のか、そもそも、会社のような法人が「住む」ことができるのか、さらに理解を超える。単に割切れば、法人の場合には「本店」「本社」「事務所」「営業所」でよく、官庁だと端的に「所在地」となる（民事訴訟法四条四項・五項・六項）。ともあれ、自然人・法人とも、近代市民法体系の運用上の便宜から、どこか「所在地」（民事訴訟法四条一項）という定置点が必要だ、ということがうかがわれる。

35　ハーグ国際私法会議による。澤木敬郎・道垣内正人『国際私法入門［第七版］』（有斐閣、二〇一二年）七六頁。平成元年改正法例に伴う法務省民事局長通達「第八　常居所の認定」では、住民票記載の住所を利用する場合もあるが、必ずしもそうではない場合がある。「法の適用に関する通則法」（二〇〇六年「法例」全部改正）によれば、本国法、行為地法、最も密接な関係のある地の法、所在地法、常居所地法、居所地法、原因または結果の発生した地の法、密接な関係のある地の法、婚姻挙行地の法など、多様であり、常居所地だけではない。小出邦夫編著『逐条解説・法の適用に関する通則法［増補版］』（商事法務、二〇一四年）。

36　高田敏＝村上武則『ファンダメンタル地方自治法』（法律文化社、二〇〇四年）九〇〜九一頁。

37　例えば、社会福祉系諸施設の入所者の住所は、一年以上に居住が予測される場合には施設所在地になる。一年を超える長期入院患者も同様である（参照、佐藤・前掲註（四）二六〇〜二六一頁）。

38　X年の住民税の納税先は、X＋一年一月一日に定置するという方式は、実はこうした考え方に基づくのかもしれない。この場合、瞬間的にX＋一年一月一日に所在しているかどうかではなく、X年の一年間を通じて最も長居した空間を、X＋一年一月一日現在の所在地として、客観的に定置できると推定するわけである。

39　例えば、田中康夫長野県知事（当時）は、泰阜村に住民票を置いていたが、滞在日数の面では長野市が長かった。とはいえ、泰阜村での賃貸契約・家財道具・地域活動への参加から見れば、泰阜村でも生活の本拠としての実体があった。そこで、知事の諮問機関は、いずれも生活の本拠がある場合には、本人の自由意思を尊重するとして泰阜村に認定する答申を出した。しかし、裁判所は、滞在日数などの客観的生活実態から、長野市に認定した（宇賀・前掲註（一八）二三〜二四頁）。当時の長野県と比較的関係良好な泰阜村、および、長野県と関係の悪い長野市や国との、政府間紛争が知事の住所認定をめぐって場外紛争されたものである。政治体制の裁量的判断である以上、裁判所の判断は政治体制の意向に準拠するであろう。なお、これが、一般人が、単なる週末別荘地と平日勤務・居住地間での住所認定をめぐるものであれば、ここまで争点にはならなかったものと思われる。

40　職住分離の経済社会を前提にしているが、その際、なぜ、「職」ではなく「住」を、拠点性の定置点として採用したかという理由である。これはⅡ・Bで述べた問いに対する一つの回答である。

41　自宅という点と職場という点を結ぶ線は、前者は仕事の点ではなく、後者が仕事の点なので、この線は中心性の計算に含まれる。また、そうしないと、自宅の拠点性が析出できない。もっとも、職場を拠点に、昼食を食べに出る線、喫茶・喫煙に行く線、買い物に行く線、飲み会に行く線なども多数あるので、こうした線は含まれるとすると、結構、職場も「生活の拠点」になっていることが、客観的に認定されよう。

42　現実の制度が完全に統一的方針のもとに置かれるとは限らないので濃淡の問題である。例えば、社会保障制度に関して、世帯を軸にするか個人を軸にするのか、個々の下部制度で濃淡がある。日本の現行制度は、傾向的には、世帯が軸になっているという。とはいえ、この方針は、経済学的な個人主義および雇用流動化や、ジェンダー的視点からの圧力に晒されている（参照、岩村正彦「社会保障における世帯と個人」「ボーダレス化時代における法システムの再構築」研究会『融ける境　超える法。個を支えるもの』（東京大学出版会、二〇〇五年）二七六〜二七七頁、二八二〜二八三頁）。

43　いわゆる住所の認定における「客観説」とは、住民個人の「主観」には主としては依らないという意味であって、政治体制の政策判断とは別個に、客観的・一義的に決まるということではなく、いわば、政治体制の支配者の「主観」に基づくということである。

44　例えば、「父と生計を同じくしていない児童」を対象とする児童扶養手当制度は、「家族」を軸にしている。父と別居している児童への支援である以上、「家族」「親族」あるいは「血縁」を重視しているが、空間的意味での同居がなく、「世帯」は別であると見ることはできる。なお、手当の受給者は、児童を監護する母または同居・監護・扶養する母以外の養育者であるから、「世帯」を軸にしている（岩村・前掲註（四二）二七二〜二七三頁）。

45　アリエス、フィリップ『〈こども〉の誕生』（みすず書房、一九八〇年）。

46　マクロ国民経済では、概ね生産・分配・支出の三面等価は成立するが、個々人では三面等価は成立しない。

47　市民住民で言えば、「足による投票」をする顧客・消費者住民像と相関する。金井・前掲註（八）（「市民住民側面から見た自治体・空間の関係」論文）。

48　夜行性でないことを前提にしているが、夜間徘徊や外泊、三交代制・夜勤や二四時間営業・終夜営業が増えれば、この前提も成り立たない。

49　寄宿学生、単身赴任者、海外出張者、寄宿職業訓練生、合宿研修所生、船員、病院入院者、施設入所者、受刑服役者など、限界案件では判断が難しい。例えば、単身赴任者も、毎週末家族のもとに帰る場合には、家族の居住地を住所とするが、帰らない場合には単身赴任先である。受刑者の住所は、単身者だと刑務所所在地になるが、家族と一緒に住んでいた場合には家族の居住地になる（佐藤・前掲註（四）二五三〜二六二頁）。

50　「家族」であって「親族」ではない。血縁関係に基づく家族・親族・姻族集団や「イエ集団」ではなく、文字通り、「家」=家屋という箱モノを前提とする「族」である。

51　金井利之「空間管理」森田朗編『行政学の基礎』（岩波書店、一九九八年）一六三〜一八〇頁。

52　例えば、「鉢植え」の比喩は、代表的には、江戸（幕藩）体制における大名が「国替え」できることを指している。なお、近年では、厚生労働省が、地域包括ケアのイメージにおいて、介護・医療・保健の前提となる基盤として、生活・福祉サービスや住居を指して、「植木鉢」を用いている。「植物」ではあるが、「人為的に移動可能」でもある、という微妙な位置づけである。このような人為的移動可能性が、住み慣れた地域で最期まで全うできるという地域包括ケアの建前とどのような関係にあるのかは、大変に興味深いところである。地域ケア研究会・三菱ＵＦＪリサーチ＆コンサルティング『平成二五年三月　持続可能な介護保険制度及び地域包括ケアシステムの在り方に関する研究会報告書――概要版――』一〇頁、参照。URL：http://www.kantei.go.jp/jp/singi/kokuminkaigi/dai15/siryou1.pdf

53　この名称は、サッカー・バスケットボール・ハンドボールなどの球技での戦術からの借用である。もっとも、住民は、「ディフェンス」しなければならない「敵方」なのか、という指摘もあろう。しかし、少なくとも「対象」として捉えられている意味では、何らかの対峙する相手方ではある。

54　小松一郎『実践国際法』（信山社、二〇一一年）三九〜四三頁。ただし、「属地主義」「属人主義」という日本語を文理的に解すれば、「属」の用字が示すように、区域または統治団体への「構成員」としての何らかの所属を含意しうる。現在地主義やゾーン・ディフェンス方式は、必ずしも所属を含意するとは限らない。むしろ、厳格かつ純粋な現在地主義やゾーン・ディフェンス方式は、区域または統治団体への所属を要しないところに先鋭的な特徴がある。

55 「所在地主義」「行為地主義」と呼んでもよい。国際私法における「所在地法」や「行為地法」の適用は、現在地主義の一例である。

56 それを「対象住民」と呼ぶべきかどうかには躊躇もある。「対象住民」と呼ぶ場合には、いわゆる「住所」を持たない人間も、広義の「住民」に含めることになる。「住所」を持たない人間は「住民」ではないと、限定的に定義すれば、ここでは、「対象人間」とか「対象現在民」などとなろう。「現」は時間次元、「在」は空間次元、をそれぞれ指す。

57 運転免許証は、住所地の都道府県公安委員会から発行されるという意味では、現在地主義ではなく、現住所主義である。現住所主義に従って管轄公安委員会を特定すると、当該公安委員会（運転免許センター）に現実に赴く必要が出てくる。出頭の時点では、実際にも当該都道府県内に現在することになるので、外形的には現在地主義にはなる。しかし、これは、現住所主義の結果としての管轄に過ぎない。また、運転免許証を取得する際には、通常は、運転教習所なるところで実技試験まで合格してから、公安委員会（運転免許センター）の筆記試験に臨む。運転教習所は、従って、実技試験は、「合宿免許」なるものがあるように、住所地である必要は全くない。

58 金井利之「生きにくい時代の市町村責任」『地方自治職員研修』二〇一二年六月号。

59 生活保護の実施機関も、居住地主義または現在地主義である。居住地主義が原則であるが、居住地がない場合、居住地が明らかでない場合（生活保護法第一九条一項二号）、居住地が明らかであるが急迫した状況の場合（同条）、には現在地主義となる。居住地主義と、住民票のある住所という意味での現住所主義とは、同じではない。太田匡彦「区域・住民・事務──『地域における事務』の複合的性格をめぐって」『地方自治』八〇七号（二〇一五年）、八頁。

60 刑法自体は「日本国内において罪を犯したすべての者」を対象とする属地主義（正確には、犯罪時での現在地主義）をとっているが（刑法第一条一項）、条例に基づく罰則も「条例に違反した者」であって、対象を住所のある住民に限定していない（地方自治法第一六条三項）。なお、国際法でいう「属地主義」は、国内における外国人犯への国際管轄権の根拠とされるように、構成員でない者に対する対象設定を及ぼすことであり、「所属」の含意はなく、むしろ、ゾーン・ディフェンス方式のことを指す。小松・前掲註（五四）三九頁。

61 例えば、一旦、出生時点で、特定地点を媒介に、特定の統治団体に所属してしまうと、それを変更することはできないという分業も考えられる。これは、「血統主義」に対する「生地主義」による国籍決定が典型であるが、国際法ではこうした「国籍主義」（積極的属人主義）は「属地主義」と対比されるものとされる。小松・前掲註（五四）一八四〜一八五頁。しかし、自治体の場合には、移転の自由があるので、住所を定めた時点では、特定の自治体に所属または登録することになるが、住所を移転することで、所属する自治体を変更することが可能である（異動可能）。また、この場合の「所属」とは、必ずしも構成員とは限らず、一定期間の紐付けというマン・ツー・マン・ディフェンスを意味する。

62　住民の定義や、「地位に関する記録」では、自治体に「属する」とは言及されていない（地方自治法一〇条一項・一三条の二）。しかし、役務享受・負担分任（地方自治法一〇条二項）では、「属する」ことが規定されている。なお、選挙権（同一一条）・直接請求権（同一二条一三条）でも、「属する」ことが規定されている。しかし、憲法は「属する」とは規定していない。

63　西尾勝『自治・分権再考』（ぎょうせい、二〇一三年）。

64　太田匡彦のいう「開放的強制加入団体」と似た現象を扱っている（参照、太田匡彦「住所・住民・地方公共団体」『地方自治』七二七号（二〇〇八年））。なお、「団体への加入」として捉えるべきなのか、単に、ゾーン・ディフェンス方式またはマン・ツー・マンディフェンス方式に基づき、自治体と個人が強制的に関係性・紐付性を有するようになっただけなのかは、必ずしも明確ではない。『市制町村制精義』（清水澄・末松偕一郎・平井良成・松本角太郎・近藤行太郎、明治大学出版部、一九一四年）など、基本的には「団体への強制加入制」と理解しているようである（佐藤・前掲註（四）二四四頁）。いずれにせよ、この「強制」とは、自治体側が住民の「加入」（または紐付）を拒否できないという意味と、個人が住所を任意に定めた以上は、その住所のある自治体への「加入」を忌避できないという意味と、両方ありうる。しかし、後者に即すると、転入転出は任意であるから、完全な強制「加入」団体ではなく、個々人から見れば個別自治体は任意団体である。太田の言う「任意団体的性格」である（参照、太田匡彦「居住・時間・住民――地方公共団体の基礎に措定されるべき連帯に関する一考察」（本書所収、第一章））。確かに、日本国土に現在する個人は、どこかの住所が一カ所あることを強制されているならば、どこかの自治体には「加入」（紐付）を強制されることになる。しかし、「住所不定」というように、日常的に漂泊することは可能であり、単数住所への定置は強制されていない。日本国土に現在していても、どこでもよいからどこかの自治体の住民になることを強制されていないという意味で、自治体は個体群としてみても、強制「加入」団体群ではない。
65 松沢裕作『町村合併から生まれた近代日本』(講談社、二〇一三年)一九四頁。
66 例えば、路上喫煙を禁止する自治体もあるが、そうではない自治体もある。路上喫煙を行う現在民による活動は、行政対象となる場合もあれば、そうではない場合もある、ということである。
67 もっとも、「村落領域論」によれば、野(原)・山を含めてムラ・ノラ・ヤマの三領域は生活・生産に関わる領域であり、個体村落から見て区域外ではない(参照、今里悟之「村落空間の分類体系とその統合的検討」『人文地理』五一巻五号(一九九九年)四三七頁)。むしろ、主権国家の領土・領海・領空の外界は、公海・南極大陸・宇宙空間として、「自由」または、国際化空間にするという考え方に近い。もっとも、排他的経済水域・大陸棚・防空識別圏の拡張など、常に管轄区域を拡張しようという帝国主義的行動はありうる。小寺彰・岩沢雄司・森田章夫編『講義国際法　第二版』(有斐閣、二〇一〇年)二三八～三二四頁。
68 日本の近世的村落では、単に居住して集落の地位的空間を占有するだけではムラ人にはなれず、集落内の人々に認知されて社会的地位を占有することが、ムラ人になるための要件である(参照、菅豊『川は誰のものか』(吉川弘文館、二〇〇六年)六二頁)。つまり、村の人々側に、ある人間を受け入れるか否かの任意性があった。
69 今井・前掲註(三〇)一九頁。
70 小滝・前掲註(一一)二九四頁。
71 辛素喜「行政組織の成長と衰退(一)　保健所の個体群生態学」『自治研究』八九巻九号(二〇一三年)一〇四～一二八頁。
72 太田・前掲註(五九)一四～一五頁。
73 入学定員総数が一五歳人口を上回れば、実質的には「無試験」＝「全入制」になると思われがちである。しかし、個体学校単位で学生の合否を決定し、学籍を管理するだけでは、遺漏を把握して解消することはできない。
74 中静未知『医療保険の行政と政治：一八九五～一九五四』(吉川弘文館、一九九八年)。
75 北山俊哉『福祉国家の制度発展と地方政府：国民健康保険の政治学』(有斐閣、二〇一一年)。
76 住民が空間を移動することで自治体を異動するのではなく、自治体が住民を載せたまま移動する。住民の異動はない。

しばしば、政府は「船」で譬えられるが、自治体政府という「船」に、住民＝船員または船客として乗船しているのである。福島第一原子力発電所レベル七苛酷事故に伴い、福島県双葉郡各町村という自治体は、住民を連れて脱出を行った。今井は、近世来の農村共同体の「移動する村」を指摘する（参照、今井・前掲註（三〇）九頁、一七頁、二一頁）。また、同じく、海域世界の民も、境界線を引いて犠牲を強いて守るより、移動することを選ぶという（参照、早瀬晋三「歴史空間としての海域世界」山室信一編『空間形成と世界認識（岩波講座「帝国」日本の学知　第八巻）』（岩波書店、二〇〇六年）二七九頁）。例えば与論島については、南日本新聞社『与論島移住史』（南方新社、二〇〇六年）一一頁を参照されたい。もっとも、近代国家的な、陸域での空間支配、すなわち土地強奪等の植民地支配勢力からすると、こうした民衆集団の移動性は、「邪魔な人間を追い出す」移住・移転計画としても機能しうる（参照、松島泰勝『琉球独立論』（バジリコ、二〇一四年）七五〜七六頁）。二〇一三年一一月に国政為政者である自公与党は、原発被災民に対して、「帰還」だけでなく「移住」を含めた支援策をまとめるように、国に第三次提言を行った。「帰還」でも「移住」でもない「退避（広域・超長期避難）」という「第三の道」が必要になると指摘されるゆえんである（参照、舩橋晴俊「震災問題対処のために必要な政策課題設定と日本社会における制御能力の欠陥」『社会学評論』二五五号（二〇一三年））。

77　金井利之「『空間なき市町村』の可能性」『自治体学』二六巻二号（二〇一二年）。

78　金井利之「地方治態の三要素――住民・区域・自治体――」宇野重規＝五百旗頭薫編『ローカルからの再出発』（有斐閣、二〇一五年）。

79　例えば、大学を機縁とした職域型生活協同組合には、実際には、学生が加入する。これは、地域でもなければ職域でもなく、大学という一種の共同体への所属（「学籍」）を機縁とした協同組合である。金井・前掲註（八）（「市民住民側面から見た自治体・空間の関係」論文）。

80　註（六四）で触れたように、現実には、どこの自治体の住民でもない個人は、現行自治制度の場合には許容されている。団体側は「加入」申請を拒否できないという意味で強制「加入」制であるが、個人側は（住所を持たないことという意味での）任意「加入」制である。従って、支配体制が、完全な全個人の悉皆的な強制割付を求めているわけではない。大概の個人がどこかの自治体に割付されていればよい、というのが実務の要請である。その意味では、二重または一重の任意「加入」

制は許容し得る。
81　区域を前提とする領域社団である自治体の場合、そして区域の重複を認めない場合、新自治体の設立は区域分割を必要とするので、他の自治体との境界調整の問題が生じる。従って、自治体の自由設立制は、区域の重複・空隙のない整然とした区画分割を支配体制が求める場合には困難である。しかし、区域が重複してもよいのであれば、自由設立制も可能である。
82　例えば、原発避難者特例法で全町避難している自治体の住民に、全町避難の当該区域に居住するという客観的事実がないなかで、新規に加わるためには、既存の住民と婚姻関係に入るか、既存の住民の子として出生する血縁関係にあればよい。
83　かつての戸籍は、戸籍上の先祖の出身地に固定することが多かったので、血統主義に近かった。ただし、主に女性が婚姻により戸籍を移るという、婚姻による所属変更が暗黙の裡に強く内在している。ところが、戸籍自体は自由に移転させることは可能であり、戸主または「戸」において、自由意思で勝手に選択可能な存在となっている。もっとも、同一戸籍のなかの成員の意見が一致しなければ、変更は困難となる。
84　角松生史「分権型社会の地域空間管理」小早川光郎編『分権改革と地域空間管理』（ぎょうせい、二〇〇〇年）。
85　所有権に関わる行政は、従って、土地利用規制に係る行政は、憲法上、国でしかできない、という教義はこの典型である。
86　磯部力「『都市法学』への試み」成田頼明ほか編『行政法の諸問題（下）』（有斐閣、一九九〇年）。
87　第二次世界大戦中のロンドン亡命政府などがある。もっとも、台湾に亡命した国府政府やインドに亡命したチベット・ダライラマ政権のように、帰還が成就できるかどうかは未知数である。
88　菅・前掲註（六八）九四頁。
89　鈴木龍也＝富野暉一郎編『コモンズ論再考』（晃洋書房、二〇〇六年）。
90　飯島・前掲註（一六）。財団に譬える場合、財団の活動の対象となる対象住民や、財団の活動を担う機関や個人という公務住民は想定できるが、基本財産を拠出する設立者は存在するにしても、定款に基づいて運営されるので、財団の活動を統制する市民住民や構成員は存在しない。財産区に譬える場合、特別地方公共団体として法人格は持つものの、財産区の運営については、それを含む市町村の首長・議会が決定・執行を行うので、独自の市民住民を持たない。したがって、いずれも、比喩としてもそれほどは類似していない。

91　磯部力「公物管理から環境管理へ――現代行政法における『管理』の概念をめぐる一考察」松田保彦ほか編『国際化時代の行政と法』(良書普及会、一九九三年)四六頁、見上崇洋『地域空間をめぐる住民の利益と法』(有斐閣、二〇〇六年)。

92　地域団体である自治体が、ある遠隔の空間を管理するのは不自然であると言えるかもしれない。閉鎖的空間を前提とする地域団体であればそうであろう。しかし、「補助線」として「居住移転の自由」がある「領域社団」を考えれば、市民住民は自らの意思とは無関係に管理対象である空間を強制割付されているのではなく、自らの意思で管理対象である空間を任意に選択している。近代主権国家においては、「行政させる者」と対象空間の関係は、絶対的な地縁性を否定されている。区域Yを管轄する領域社団Yに加入することと、区域Yを管轄する領域社団Xに加入することは、区域Yを管轄する構成員資格を得るという点で、同じことである。区域を管轄する団体に、個人が登録によって紐付く場合も同じことである。

93　例えば、かつての国際私法においては、人に関する法(「人法(statuta personalia)」)と物に関する法(「物法(statuta realia)」)とに分類されていたという(参照、澤木・道垣内・前掲註(三五)六四〜六五頁)。自治体の行政活動の対象を、人間と物(特に不動産・空間)に分解することは、不可能ではない。「空間なき市町村」は、対象住民に対する活動はするが、対象空間に対する活動はしない(参照、金井・前掲註(七七))。これに対して、「移動する遠隔操縦市町村」は、属地主義の対象住民に対する活動はマン・ツー・マン・ディフェンス方式により、対象空間および対象空間に投影された現在地主義の対象住民に対する活動はゾーン・ディフェンス方式により、両方とも行う。このように、自治体は対象物的空間と対象人間集団とを複合的に管轄しているがゆえに、論理的にも実際的にも、複合を解離させることもできる。自治体の固有性(対象物的空間)と存立目的(対象人間集団)とはズレている。参照、太田・前掲註(五九)一四〜一六頁。

94　飯島淳子「国と自治体の役割分担」『ジュリスト』一四二七号(二〇一一年)、金井利之「『想定外』の地方自治の行方」『ガバナンス』二〇一一年八月号。

95　西尾勝『行政学の基礎概念』(東京大学出版会、一九九〇年)、森田・前掲註(五一)。

第三章　「居住移転の自由」試論[註1]

東北大学教授　飯島　淳子

Ⅰ　はじめに

地方自治論において、居住移転の自由が（少なくとも正面から）論じられることはまずないと言ってよい。居住移転の自由は、住民としての権利よりむしろ、国民の権利として性格づけられるのが一般的である。[註2]にもかかわらず、憲法学者でない〝素人〟が敢えて居住移転の自由を取り上げるのは、住民論に新たな光を当てたいという目論見によるものである。この目論見自体は、本パネルディスカッション企画のきっかけとなった石川健治教授のご報告[註3]に示唆を受けたものである。

石川教授は、「四一条と九四条、国民と住民」という見出しの下で、国民と住民と居住移転の自由の三すくみ状態を指摘され、これが解ければ九四条の問題も自ずから説明できるのではないかとして、居住移転の自由を真剣に議論していくべきであると述べられた。合わせて、中核となる「領域的自治」概念に関し、領域社団という構成においては、住民が団体の構成員資格および機関への就任資格を有するが、このことは不可避的に、強制加入団体か任意加入団体かという壁にぶつかることになり、地方公共団体を開放的強制加入団体として性格づける太田匡彦教授のご主張[註4]に鑑みながら、居住移転の自由が人々を住民資格から解放したという論理を確認しておく必要があるのではないかと指摘された。さらに、区域を基礎とした自治体の編成と血縁を基礎とした国の編成、とりわけ区域―住民関係と国民―領土関係の位相の違いに関して、阿部昌樹教授から問われたのに対し、石川教授は、国家という社団と地方公共団体という社団の相似性に言及され、国家的同一性の喪失と〝失ってはならない大事なもの〟の喪失とはディメンジョンが異なると繰り返された。ここで交わされた議論は必ずしも噛み合っていない。それは、両教授の基本的な考え方の違いによるのであろう。このすれ違いを何とか突き止めてみたいというのが、本稿の素朴な問題意識である。

かくして本稿は、「居住移転の自由」論を探究するべく、日本国憲法が、個人の居住移転の自由すなわち個人の住所からの解放（二二条一項）と住民という資格における政治参加（九三条）を同時に保障していることは、どのように説明されうるかという課題を設定する。そして、この課題を考察するにあたり、居住移転の自由をめぐる議論状況を整理した上で（Ⅱ）、〝正面突破〟の難しさにかんがみ、補助線からの領域的自治の模索を試みることにしたい（Ⅲ）。

Ⅱ　居住移転の自由の諸側面

A　自由権的側面

一　伝統的理解

憲法学における居住移転の自由論は、沿革に基づきながら自由権的側面の展開に着目するものであると言いうる。[註5]

まず、居住移転の自由にとって克服すべき対象は、封建体制における土地への緊縛と身分制的拘束（職業身分制）に定められた。人と土地の不可離性は、とくに農民層において顕著であった。かかる封建体制は、市場経済の発達という抗い難い歴史の展開によって揺らぎはじめる。この流れを正面から強力に推進し、資本主義経済を成立させたのが、絶対王政であった。絶対王政は、資本主義経済市場の保護・育成を図るために、居住移転の自由を保障した。自由な移動の保障は、労働力の均衡ないし調節自由な営業活動を可能ならしめるために、すなわち、資本主義経済を成り立たしめるために不可欠の要素であるからである。ここには、国家による土地からの人々の解放とその移動の規制という二面性が見られた。

かくして、居住移転の自由は――他の自由権とは異なり――、市民社会が成立する基本的前提として、近代憲法の制定に先立って事実上形成されていた。近代国家は、すでに存在するこの自由を確認するにとどまるものである。ただし、その憲法的保障のあり方は、国によってまた時代によって異なる。フランスやアメリカなどの〝先進的〟近代国家は、居住移転の自由を当然の自由であるとみなし、敢えて憲法上の保障の対象とはしなかったのに対し、これらに遅れたドイツなどの〝後発的（かつ不完全な）〟近代国家は、経済的自由の一環として居住移転の自由に憲法上の保障を及ぼし、さらに、旧社会主義諸国を典型とする新たな独立国家は、居住移転の自由の多面的性格にかんがみ、職業選択の自由から別個にこれを保障している。わが国に関しては、大日本帝国憲法二二条が、職業選択の自由の当然の前提として居住移転の自由を経済的自由として保障しており、[註6]これを引き継ぐ形で、日本国憲法二二条一項が、「何人も、公共の福祉に反しない限り、居住、移転の自由及び職業選択の自由を有する。」と定めている。

二　複合的性格の承認

居住移転の自由は本来的には経済的自由として確立したが、今日では、これにとどまらない複合的な性格が認識されている。

第一に、居住移転の自由は内在的に、人身の自由（身体の拘束を解く）としての側面を有している。この人身の自由は、自由の最も本質的な要素であり、すべての自由の基礎を成すものである。第二に、居住移転の自由は、身体的自由にとどまらず、精神的自由に結びつく側面を有している。人は、移動の自由を認められてはじめて、他の人々との間で意思や情報を伝達したり、集会や集団行動に参加したり、知的な接触の機会を獲得したりすることができる。これらは、表現の自由と密接に結びつく。第三に、居住移転の自由は、個人の尊厳ないし幸福追求権を支える側面を有している。居住移転の自由は、身体的自由と精神的自由を得てこそ、個人の人格形成に資することになる。以上は、居住移転の自由が、民主制における本質的自由として性格づけられるべきことを要請するものである。

三　意味すること

標準的な憲法学説は、居住移転の自由を、土地からの解放と身分制的拘束からの解放という文脈において、すなわち経済的自由として捉えることを基礎としている。このことは、国家が、人々を土地と中間団体から解放し、個人＝国民たらしめるという近代法的図式のなかで理解される。[註7]

かような伝統的な理解は、さまざまな形で現れている今日的問題にも通ずるところがある。例えば、今日では、居住移転の自由は、国家との関係においてよりむしろ職業遂行の場である企業（＝中間団体）との関係において顕在化しているが、この問題は、憲法の私人間効力の局面に引き寄せ、労働法制によって対応されるべきものであるかもしれない。また、居住移転の自由の承認は、職住分離を引き起こし、生活圏の拡大につながるが、ここに生じた既存の地方公共団体の区域との乖離は、区域の再編を促すことになろう。逆に、現在の日本が直面している震災復興の局面においては、被災地における農業・漁業がまさしく職住一致の産業形態であることから、居住移転の自由はそのまま職業選択の自由に直結してくる。これらの問題は——中長期的スパンを要するとしても——より自覚的に論じられるべきであろう。

B　生存権的側面

一　私法学における居住権論

憲法学が個人＝国民の経済的自由を基本とする居住移転の自由論を関心事とするにとどまるのに対し、別の学問分野からその生存権的側面への着目が促された。この議論は、個人が公権力によって妨げられることなく移動しうるという単なる自由に満足することなく、個人の生存権の保障とその対である国家（国および地方公共団体）の責務を追究しようとするものである。

まずは、私法学において居住権論[註8]が開始された。一九六〇年代に端を発するこの議論は、自由権的居住権と生存権的居住権という分類軸を設定し、後者の分類において、借地借家人の・貸地貸家人に対する・居住の継続性の保障に主眼を置くものであった。居住権対所有権という対抗図式のなかで、所有権の制約による居住権の保障が論じられたのである。このことはただし、本来国家が為すべきことの私人間関係への転嫁であるとも評されていた。

二　公法学における生活権論

その後、公法学において生活権論[註9]が展開された。一九八〇年代に一時代を築いたこの議論は、土地法ないし都市法という法分野を生み出し、住居政策を含め、私法学や法社会学をも巻き込んだ学際的研究として結実した。

ここでは、行政サービスによる生活利益の確保が、社会権の憲法的保障の観点から論じられた。居住移転の自由に引き付けるならば、地方公共団体によるそのコントロールないし誘導がクローズアップされることになる。戦後直後においては、都会地転入抑制法（一九四七年制定、一九四八年中の限時法）が、混乱の予防を図るべく、都会地への転入を抑制し、居住移転の自由を制約するという例があった。このような特殊な状況の下での直接的な自由の制約はもはやなされないものの、今日では、例えば、過密対策（開発規制等）、過疎対策（補助金交付等）、〝福祉マグネット〟対策（福祉予算の切り下げ等）といった間接的なコントロールないし誘導が相当の重みをもって行われている。確かに、地方公共団体は、その本来的性格上、自らの区域に住所を定めた個人に対して住民の地位を与えるか否かという意思を介在させることはできないが、[註10] 個人が自らの区域内に住所を定めるか否かという流入ないし流出の局面においては、地方公共団体の政策の余地が働きうるのである。ただし、間接的手段による場合であっても、住民への公的サービスを実質的公平に負担する等の見地からの規制であることを要する。[註11] すなわち、行政サービスの負担という観点から、地方自治法一〇条二項による制約が課されることになる。[註12]

三　意味すること

生存権的側面に着目する以上の議論は、住民個人を把握し保護しようとするものである。ここでは第一に、憲法二五条に基づいて、国家（国または地方公共団体）が個人を把握し保護するという責任が問題となっている。責任を負うのは国か地方公共団体（のいずれでもよいがいずれか）であり、その対象は個人であって、責任主体に応じて国民または住民として性格づけられるにすぎない。[註13] ここでは第二に、公法関係と私法関係の〝連携〟が可能であり有効でありうる。人の生存・生活に必要なサービスの提供という点において、社会の役割もまた期待されるのである。例えば、震災からの復旧・復興の過程において、避難者が当初近隣住民や自治会・町内会から生活用具を寄付されたり、みなし仮設（民間賃貸住宅の借り上げ）という方式によって民間の住宅市場が活用されたりした例をはじめ、私人を含む社会が、生存権保障の役割を担いうる。かかるサービス提供者の相対化と同時に、サービス受益者の相対化が要請されることもある。地方自治法二四四条三項の定める公の施設の平等利用権をめぐる議論にその例が見られる。別荘所有者の水道料金の差別化が問題となった最判平成一八年七月一四日民集六〇巻六号二四六九頁（旧高根町水道料金条例事件判決）に関し、住民と非住民との平等取扱いの程度は当該公の施設の性質によって異なるが、施設利用の必要性が高く、居住移転の自由ひいては営業の自由を実質的に保障するために、平等取扱いが強く要求される場合があることが、指摘されている。[註14] さらにそもそも、行政サービスについては、区域に対するもの（一般廃棄物収集、水道供給等）や居所を認めるもの（生活保護等）などがあり、住民の地位に対応して提供される行政サービスはさほど多くないことも、念頭に置いておく必要がある。

C　参政権的側面

一　政治参加

生存権的側面が、自由権的側面と並び立つものの、国家の責務の内実（の意外な貧弱さ）にてらし、必ずしも〝決定打〟とはならないことを見据えるならば、参政権的側面に期待を懸けることになる。憲法学説のなかにも例外的に、居住移転の自由を政治参加のプロセスに不可欠な権利であると明快に主張する論者が存在する。[註15] そこでは、「みずからの選択する地域共同体に帰属する（居住する）ということは、政治参加の基本的権利である」として、個人は政治に参加するために移動するとされる。この学説は、憲法二二条一項にとどまらず二二条二項（外国移住と国籍離脱）をも射程に入れ、さらに、職業選択の自由についても政治に関わる職業選択の自由を念頭に置くなど、自らの主張を貫徹している。また、行政実務家のなかにも、憲法（九三・九五条）の解釈から、住民が地方公共団体の参政権を行使する主体であることを出発点として、参政権・行政サービスの受益・負担という三位一体の担保の必要から、客観的居住の事実をメルクマールとしつつ、住所と住民の関係を捉えようとする見解が存在する。[註16]

この側面に関しては、農地解放（地主制の解体）と家制度廃止（家長の否定）を中心とする戦後改革を対象とした歴史研究にも示唆を得ることができようが、以下では、現行実定法制度のなかから三つの素材を例にとってみる。

一つ目は、地方レベルにおける選挙権および選挙区制度である。[註17] まず、地方選挙に関しては、国政選挙とは異なり、地縁的社会であるという特性から、[註18]三か月の居住要件が課されている。そして、地方選挙に関しては、これまた国政選挙とは異なり、地域代表性が承認されている。[註19]特例選挙区に関する判例（最判平成元年一二月一八日民集四三巻一二号二一三九頁等）は、「都道府県議会議員の選挙区制については、歴史的に形成され存在してきた地域的まとまりを尊重し、その意向を都道府県政に反映させる方が長期的展望に立った均衡のとれた行政施策を行うために必要であり、そのための地域代表を確保する必要があるという趣旨を含むものと解される。」と判示している。すなわち、最高裁は、郡市の歴史的・政治的・経済的・社会的な「実体」ないし「まとまり」を前提とした上で、この政治的・地域的まとまりを手がかりとして民意を把握する。ここには、土地の「色」の承認とその民意（人）への接続という考え方を読み取ることもできよう。

二つ目は、外国人の地方参政権である。周知の通り、最判平成七年二月二八日民集四九巻二号六三九頁は、「憲法第八章の地方自治に関する規定は、民主主義社会における地方自治の重要性に鑑み、住民の日常生活に密接な関連を有する公共的事務は、その地方の住民の意思に基づきその区域の地方公共団体が処理するという政治形態を憲法上の制度として保障しようとする趣旨に出たものと解されるから、我が国に在留する外国人のうちでも永住者等であってその居住する区域の地方公共団体と特段に緊密な関係を持つに至ったと認められるものについて、その意思を日常生活に密接な関連を有する地方公共団体の公共的事務の処理に反映させるべく、法律をもって、地方公共団体の長、その議会の議員等に対する選挙権を付与する措置を講ずることは、憲法上禁止されているものではない……。」と判示した。ここでは、日常生活との密接な関連性と地方自治という政治形態ひいては選挙権が結びつけられている。

なお、外国人に関しては、日本人とは異なり、公的主体による資格認定によってはじめてその地位を創設されるという特殊な属性にてらし、地位無き者（不法滞在者等）や仮の地位しか有しない者（退去強制令書等が出されたけれども送還されずに仮放免されている外国人、難民認定を申請している最中の外国人）の処遇、とりわけ医療サービスや子どもの教育の必要性が指摘されている。[註20] この生存権的側面の問題は、外国人のみならず日本人についても存在している。ただし、例えば「仮のまち」構想は、資格認定により創設される地位しか持たない外国人とは異なり、避難住民の仮の地位の問題として扱うことは適切でないように思われる。

三つ目は、在外邦人の選挙権である。在外邦人（国外に居住し国内の市町村の区域内に住所を有しない日本国民）は、国民であり続けているが、住民ではない。住所を有しない在外邦人の把握は、最終登録住民票によっている。平成一〇年改正前の公職選挙法は、住所を有していない在外邦人に選挙権を認めておらず、在外選挙制度創設後も、対象となる選挙は、当分の間、衆参両院について比例代表選出議員の選挙に限るとされていた。かかる選挙権制限は、まさしく住所による制限である。最判平成一七年九月一四日民集五九巻七号二〇八七頁は、この制限を憲法一五条一項・三項、四三条一項、四四条ただし書きに違反するとして、国会の立法不作為をサンクションした。

ここで注目されるのは、最高裁が憲法二二条に触れていない点である。このことは、最高裁が憲法二二条を参政権的側面において捉えていないことを意味していよう。なお、平成一八年公職選挙法改正により、国政選挙に関しては在外邦人の選挙権が認められるに至ったが、地方選挙（および最高裁裁判官国民審査）に関しては認められていない。外国人地方参政権に関する最高裁のロジックを逆手にとるならば、在外邦人は、わが国の地方公共団体の区域のなかで日常生活を送っているわけではないから、「日常生活に密接な関連を有する地方公共団体の公共的事務の処理」にその意思を反映させる手段を保障されておらずとも、憲法に違反するものではないと言いうるのかもしれない。

選挙権制度の本丸である国民の国政選挙権から外れる以上の法制度は、「国民」＝「人」概念の幅を正面から認めているが、それはあくまで――参政権的側面ではなく――生存権（生活権）的側面からのアプローチに拠っている。

二　参加・協働による公益の決定・実現

「人」からのアプローチに対し、「土地」からのアプローチはどうか。

「土地」概念についてもまた、伝統的な理解とは異なる捉え方が、「人」概念よりも柔軟にあるいは大胆に示されつつある。それは、土地の公共性に基づく私的所有権の内在的制約という一般的文脈にとどまらず、土地が地方自治の空間的資源であるがゆえに、生活空間としての土地利用の質を追求するという動きとなって現れている。[註21]とりわけ、まちづくり分野においては、ある地域にとって望ましい都市像を――行政による超越的・一方的な押し付けではなく――住民の参加・協働を通じて探っていく実践が繰り広げられている。あらかじめ決定できない、ないし、決定すべきでない利益を、住民の参加・協働という手続を介することによって、それぞれの住民の主観的価値を統合し、公益として形成・決定しようと言うのである。このように土地に「色」を与える、ないし、土地の「色」を作り出すことによって、意味ないし価値を見出された空間を「場所」と呼ぶ論者も存在する。[註22]最高裁判決のなかにも、地域空間の歴史的形成過程と住民の現実の生活空間における価値にかんがみ、「良好な景観が有する客観的な価値」と居住者の景観利益の要保護性を認めた例が存在する。[註23]しかも、この参加・協働による価値の創出という営みは、住民個々人というよりむしろ住民集団によって担われている。住民が個人としてよりむしろ集団として現れてくるのである。このことは、ここで問題となっているのが、個人の利益に還元されえない地域住民全体の利益そのもの（共同利益）であることに拠る。

三　意味すること

以上のアクチュアルな動きは、住民（個人および集団）を把握し活動させせようとするものである。その基礎には、人と土地との関係の変化がある。土地は、個人を縛り付けておく所与のものであるだけでなく、集団が作り出していくものであるとされる。かかる議論は、公法関係と私法関係の連続性ないし公私協働論に直結するものであって、現代的な住民自治論の枠組みには適合的であるが、しかし、正統的な――近代立憲主義に立脚する――憲法論の枠組みには収まりきらない。

そこで、憲法学との対話を可能ならしめるべく、居住移転の自由論からの正面突破をいったんとどめ、領域的自治という補助線から、問題にもう少し迫ってみることにしたい。

Ⅲ　領域的自治の模索　――補助線からの接近

居住移転の自由という憲法上の自由が地方自治にとってもつ意味とは何か。より具体的には、居住移転の自由から地方自治を組み立てることができるか、できるとしたら、どのような組み立て方がありえ、そのことがどのような意味を持ちうるか。これが、以下の考察を通して探りたい問いである。居住移転の自由と地方自治（端的には住民自治ないし民主政）を切り結ぶために、領域社団法人という概念を補助線に用いることにする。[註24]

領域社団法人に関しては、ウェーバー研究を通して、領域団体を秩序の領域的妥当によって定義しつつ、権力の地域的編成と強制的メンバーシップという二つの要素の関係が論点化されている。[註25] 秩序は、法人の規約に相当するものとして捉えられうる。法人の構成員（地方公共団体の住民）は、法人が実現すべき構成員の共通利益を自ら決定するという秩序形成の自由＝責務を有すると考えられる。というのも、自治権（権力）の淵源は構成員に求められなければならず、あるいは、構成員が自ら律することは自治責任の民主主義的必要条件であると解されるからである。

秩序の領域的妥当ないし自主立法権・部分秩序形成権（Autonomie）への着目の必要性は、夙に石川教授が強調されてきたところでもある。石川教授は、「『国家の論理』のもとでのオートノミーをどのように捉えるか」、「国家におけるオートノームな存在というものは元来どのように捉えられるべきなのか」を問われてきた。[註26][註27]本稿は、この自治・自律・自由のあり方について、さまざまなレベルの自治のあり方との比較を通して、地方自治とは何かを探ることにしたい。本来ならば網羅的な検討が必要であるものの、以下では、部分秩序形成のために自発的に形成されるコミュニティのなかから、公の役割と私の役割の間でグラデーションを帯びた三つの制度を取り上げる。

A　条例

地方公共団体の最もフォーマルな規範定立権限である条例制定権は、地域性（地域的限界）という観点から、自治権の一部として、当該地方公共団体の区域内にある者を、住民であると否とを問わず、拘束するものである。自治権は、区域という要素によって空間的適用範囲を画されるから、住民に限らず、当該区域内にある者をその区域内にあるという事実のみによって対象とするのである。

このことに改めて思いを致すと、自治基本条例の意義が問い直されることにもなる。自治基本条例は、確かに、

——国（地方自治法）による「地域的」境界の設定（五条一項、一〇条一項）ではなく——地方公共団体による「人的」「境界」形成の可能性を開く点において、画期的である。[註28] だが、自治権の及ぶ人的範囲は住民に限られない。ある法規範の適用が住民に限られるのは、端的に当該法制度に拠る。例えば、参政権については、「国民主権の原理及びこれに基づく憲法一五条一項の規定の趣旨に鑑み、地方公共団体が我が国の統治機構の不可欠の要素を成すものであることをも併せ考えると、憲法九三条二項にいう『住民』とは、地方公共団体の区域内に住所を有する日本国民を意味するものと解」され（最判平成七年二月二八日民集四九巻二号六三九頁）、また、公の施設の平等利用権については、憲法一四条一項を大本にしつつも、地方自治法二四四条三項の趣旨からして、「当該公の施設の性質やこれらの者と当該普通地方公共団体との結び付きの程度等に照らし」「住民に準ずる地位にある者」の平等利用権が保障される（最判平成一八年七月一四日民集六〇巻六号二四六九頁）。そして、自治権の及ぶ空間的範囲は区域によって限られる。であるとするならば、なぜ敢えて、「住民」概念を拡張し、「住民」の権利・責務として規範を定立しなければならないのか、という疑問も生じえよう。当該地方公共団体の区域と空間的関係を有する限度において（地域社会との実質的な関わりも考慮される）、住民でない者（例えば、在勤者・在学者等の〝準住民〟）を捉えれば足りるとも解される。仮に、自治基本条例の狙いが、住民の拡張よりむしろ、住民の組織化にあるとするならば、団体の自主組織権とは別個であるべき地域住民社会の組織編成に踏み込むものとして、住民動員の危険性を含め、批判を免れえないであろう。

B　都市計画提案制度（都市計画法二一条の二）

二〇〇二年の都市計画法改正により導入された都市計画提案制度は、市民による自主的なまちづくりの推進や地域活性化のために、土地所有者やまちづくり活動目的のＮＰＯ等が、一定の面積を備えた（原則〇・五ha以上）一体的な地域について、土地所有者等の三分の二以上の同意を得た上で（二一条の二第三項二号）、都市計画決定権者（地方公共団体）に対して、都市計画の決定や変更の提案を行うことができ、提案を受けた地方公共団体は、都市計画決定・変更の必要性を遅滞なく判断し、必要があると認めるときはその案を作成しなければならない（二一条の三）とするものである。一九八二年に導入された地区計画制度が、市町村の権限と責任の下にある計画策定プロセスへの参加にとどまっていたのに対し、都市計画提案制度は、市民のイニシアティブによる計画案の作成を可能ならしめる点において、歩を進めたものであると評価されている。

まず注目されるのは、提案主体として、土地所有者等に加え、まちづくり活動目的のＮＰＯが正面から組み込まれている点である（二一条の二第一・二項）。非地権者たる居住者は、まちづくり組織の構成員としてのみ提案者になりうる。このことは、非領域的自治との連携、ひいては「境界」の消失にいたる可能性を秘めている。ＮＰＯは、〝部外者〟であるものの専門家として、都市計画という公的制度に関与することになっているのであろう。

加えて、地権者の三分の二以上の同意という要件が設定されている（二一条の二第三項二号）。三分の二以上の同意という要件は、公共組合の設立に倣って設定された。この要件は確かに、地権者中心主義を意味する。ここに、土地の私的所有を基盤とした個人の公的政治の歴史（公民制度等）の名残りを見いだすこともできないではない。この要件はしかし、全員合意ではないということを意味する。三分の二の多数者の意思が反映され、三分の一の少数者の意思は切り捨てられるということの意味は、とりわけ、対立の深刻化が想定される規制強化・住環境保全改善型のまちづくり分野をにらみながら考慮されなければならない。

都市計画提案制度はこのように、広範な専門技術的裁量に基づく計画高権を制約し、土地所有権至上主義を緩和する機能を有している。ただし、最終的な決定権は依然として行政に留保されている。このことは、行政の責任の確保と同時に、秩序形成に対する私人の参加の限界を表している。

C　建築協定（建築基準法六九条）

建築基準法制定当初（一九五〇年）から設けられてきた建築協定制度は、市町村の条例でこれを締結しうると定められた場合に、一定区域の土地権利者等が、全員の合意によって（七〇条三項）、「区域内における建築物の敷地、位置、構造、用途、形態、意匠又は建築設備に関する基準」、協定の有効期間および協定違反があった場合の措置（六九条、七〇条一項）について協定を締結し、一定の手続的制約の下で行政庁の認可を受けると、[註29]当該協定は、その公告のあった日以後当該区域内で土地所有者になった者に対しても効力をもつようになる（七五条）というものである。

建築協定は近時、行政契約のカテゴリーのなかで、行政法学による検討の対象に加えられた。もっとも、建築協定は、伝統的な行政契約に収まりきらない独自性を有している。すなわち、建築協定は――行政・私人間で締結されるのではなく――私人相互間で締結される協定であって、行政は認可の付与という形で関わるにすぎない。しかも、この認可が、――協定の当事者にとどまらず――第三者をも拘束する効果（第三者効ないし対世効）を生じさせ、つまりは、協定の効力を権利者の変動にかかわらず維持させることになる。さらに実際には、全員合意要件のハードルの高さゆえに、一人協定制度（七六条の三。ある街区の開発分譲業者一人が協定を結び、行政庁の認可を受けて、後から分譲を受ける複数の購入者を拘束する。）が多用されている。

興味深いのは、建築協定が私的モメントと公的モメントの両者を明瞭に打ち込まれていることである。[註30]すなわち、一方で、私的モメントとしてまず、全員合意が挙げられる（七〇条二項）。建築協定は、当事者となる特定の具体的な諸個人すべての意思に基づくものである。ただし、ここでの私人間の関係は、通常の取引的契約における対価関係とは異なる。各協定締結者は、同一内容の制限をもって、自分で自分を規制するという団体的拘束に服しているのである。[注31] そして、当事者は、協定のなかで協定違反があった場合の措置を定めることになっている（七〇条一項）。通常は、運営委員会が設置され、この運営委員会が自治会・町内会と連携しながら協定の実効性を確保している。[注32] 建築協定違反に対する是正命令権限の定めや罰則の定めはなく、また、建築協定は建築確認の際の確認対象規定に含まれていない。かくして、建築協定は、当該区域の居住者が、自分たちで約束し、守り、守らせるものであると言える。規範の定立――解釈運用――実効性確保のプロセスを通じて、私的モメントが貫徹されているのである。

他方で、公的モメントとして、建築協定の最大の特徴でもある行政庁の認可による第三者効の発生が挙げられる（七五条）。建築協定は、一定区域の土地権利者の全員の合意によって締結されるが、行政庁の認可を受けると、その公告のあった日以後当該区域内で土地所有者になった者に対しても効力をもつようになる。認可という行政行為は、私人間の自由な法律行為を完成させるにとどまるものであるが、建築協定制度のそれは、通常の認可とは異なり、民事契約の枠組みを超え、後から所有者になった者に対して、その者の意思に関わりなく、財産権の制約を課するものである。契約の相対効の原則に対するこの例外は、建築基準法による事前手続の履践の強制（公告・協定書の縦覧（七一条）、関係人からの公開による意見聴取（七二条））等、第三者の権利の一定の保障を伴っている。当事者による契約を一般的・一方的規範に転化させる建築協定は、いわば〝環境公序〟として社会の秩序を形成していく客観法に位置づけられるべきであるかもしれない。人を基準とした契約（合意）を、区域を基準とした部分秩序に組み替えることの論証は困難を抱えるが、行政庁の認可を梃子とした正統化が図られることになろう。

建築協定制度から得られる示唆として、一つには、市町村という区域のなかに特定の建築協定区域が設けられることが挙げられる。区域の内部に区域が設けられることは、あくまで社会の領域であるから許されるにすぎないと思われるが、[註33]ローカル・ルールとして当然のように受容され妥当していることはより深い吟味に値しよう。

もう一つには、建築協定制度が、地権者の全員合意、すなわち、土地所有権に着目した上での契約構成を基礎に据えながら、行政庁の認可という過程をぐることによって、当事者の意思に基づき当事者のみを拘束する約束を、特定の区域に妥当する秩序に仕立て上げるということが挙げられる。建築協定制度は、公共組合に類似した強制加入性をも帯びているが、しかし、人を基準とするのではなく、あくまでも区域を基準とするという点において、――領域的自治からは遠いように見えるけれども――実は領域的自治の原型をここに見出すこともできるのではないかと思われる。社団構成ないし組合構成に対し、契約構成を基礎とした観点を、領域的自治の考察に当たって一つの視座として持っておくことは有用であるとも思われる。

Ⅳ　おわりに

以上の検討から引き出しうるのは、秩序形成への参与権が、地方自治に関しては住民に与えられるのに対し（ⅢA）、他の自治に関しては土地所有者等に与えられる（ⅢB・C）という単純な仕掛けである。しかも、後者は、開発分譲業者が代替しうるものであり、実際にそれが主たるアクターとなっている。このことは、土地が対象であるがゆえの現実であると言えよう。開発分譲業者は、当然に経済的利潤を追求するものの、市場という一つの秩序に服するのに加え、行政指導を通じて、いわば行政の手足として行政目的を実現することもありうる。これは、協定者自身による公益の形成ではなく、行政による押しつけに他ならない。ただし、開発分譲業者にとっては、環境の良さを売り物にすることができるばかりか、手続をスムーズに進めることができるという点において、その経済的計算に合致するものである。この行政指導による〝公化〟は、単なる市場の論理を地域の環境秩序に転化させていく条件ともなりえよう。

かくして、住民の可動性と土地（＝不動産）の不動性とが対置される。だが、このような単純な対置が果たして妥当するのかは、強かに見極めなければならない。住民は確かに、どこに移動することも妨げられないが、しかし、このことと「住むこと」という属性は別個のものである。

「住むこと」は一方で、住居を必要とする。「不動」産である住居は土地に付着している。ある程度における排他性と継続性をもって土地を支配する住居は、したがって、土地を基盤とする広義の環境を形成すると解される。この共同財産の利害関係者として、住民は、空間秩序形成に参与する権利と責務を有するに至るのではないか。ここでは、土地所有者と共同財産〝所有者〟たる住民は連続的に把握される。ただし、利害関係に基づく参加は、包括的自治を基礎づけられないことから、住民と利害関係者の相対化には一定の慎重さを要する。この点に関し、地方自治の実質的根拠を地域環境管理に求める見解[註34]は、この限界を乗り越える可能性を秘めている。別の観点から見るならば、住居政策をはじめとする地方公共団体の空間管理ないし土地利用規制はそれ自体、その具体化であるところの種々の部分秩序ないしローカル・ルールの総体を通じて、一定水準の環境の確保を要請し、ひいては、「住民」の範囲をコントロールするものであるとも言えよう。

「住むこと」は他方で、自らの属性ないしアイデンティティを構成する。人は、ある特定の場所を住所として選択することによって、――国および地方公共団体との間においてのみならず――社会との間において関係を取り結ぶことになる。[註35] この関係は、「住むこと」という多かれ少なかれ継続性を帯びた事実行為に基づく〝歴史〟

に裏付けられることになる。この通時的な〝歴史〟への着目は、国民―領土との対比における区域―住民を要素とする地方自治の真の意味での法律論にてらしても、[註36]また、生きられる空間ないし郷土への愛着を法律論から放逐し、土地（権力の源泉）と家（権力と財産）から切り離すことでようやく、住民からの個人の解放を成し遂げた近代立憲主義にてらしても、[註37]容易には許容されがたいものであろう。

しかし、国民であることを強制される個人は、国レベルにおいては一切の個別的具体的属性を捨象された諸個人からなるデモクラシーのなかで生きるけれども、地方レベルにおいては、「事実上住民が経済的文化的に密接な共同生活を営み、共同体意識をもつているという社会的基盤」[註38]の下で、具体的な生身の人間として、共同体主義的民主主義[註39]のなかで日常生活を生きる。この対置に、国と地方公共団体との間の一つの均衡抑制が期待されているとも考えられるのではないか。[註40]開放性ゆえの束縛のない――すなわち自由な――生活の共同を介した地方自治像に強い憧れを覚えつつも、一方におけるグローバル化の進行の弊害、他方における震災の教訓としてのムラ社会の見直し（共助のススメ）といった現代日本の直面するコンテクストに鑑み、閉鎖性（区切られた空間）ゆえの同質なものとの相互扶助を介した地方自治像を敢えて提示した次第である。

1　本稿は、二〇一三年一一月三〇日のパネルディスカッションにおける報告を基に、当日における太田匡彦教授・金井利之教授のご報告および質疑応答を踏まえ、再度の考察を加えたものである（二〇一四年七月二二日脱稿）。なお、本稿は、科研費基盤研究(B)「機能自治と地方自治の比較研究―自治の基礎理論のために」（研究代表・太田匡彦教授）の研究成果でもある。

2　例えば、居住移転の自由論の代表的論考である伊藤正己「居住移転の自由」田中二郎編集代表『日本国憲法体系第七巻基本的人権』（有斐閣、一九六五年）二〇一頁参照。

3　石川健治「未完の『地方自治』論――戦後憲法学の可能性――」（二〇一三年六月二二日研究会報告）。

4　太田匡彦「住所・住民・地方公共団体」『地方自治』七二七号（二〇〇八年）二頁以下。

5　伊藤・前掲註（二）一九三頁以下。

6　この経済的自由は営業の自由を含むものと解されていた（伊藤博文（宮沢俊義校註）『憲法義解』（岩波文庫、二〇〇五年）五二頁）。

7　伊藤・前掲註（二）二〇一頁は、自由移動は、国家の統一性の要求に根ざす国家的利益であって、地域社会の住民としてもつ権利であるよりは、国家全体の構成員＝国民としてもつ権利であると述べている。なお、伊藤・前掲註（二）二〇五～二〇六頁は、アメリカの連邦最高裁判所が、州の住民でない貧困者をそれが貧困者であることを知りながら州につれこむ者を軽罪とするカリフォルニア州法について、この法律が、人の移動すなわち「通商（commerce）」という連邦議会に委ねられた事項に干渉するものとして違憲であるとした判例を、居住移転の自由の経済的側面を示すものとして紹介している。

8　鈴木禄弥『居住権論』（有斐閣、一九六九年）、篠塚昭次「居住権の性格」『早稲田法学』三八巻三・四号（一九六三年）八五頁等参照。

9　渡辺洋三「『地域住民と法』総論」『法社会学』二四号（一九七二年）四頁等参照。

10　太田・前掲註（四）五～六頁。

11　伊藤正己『憲法〔第三版〕』（弘文堂、一九九九年）三五八頁。

12　このことはすなわち、負担との関係においてサービスの質・量の決定を、ひいては公と私の境界の決定を住民自治に委ねることを意味するとも解される。ただし、このこと自体は、地方公共団体レベル（住民）のみならず、国レベル（国民）においても妥当すると考えられよう。

13　ただし、国家は国民の存在に最終責任を負う（究極的には死刑に処する）のに対し（多賀谷一照「公的機関による外国人の把握」『公法研究』七五号（二〇一三年）一五一頁）、地方公共団体は住民の存在に最終責任を負うものではないという点において、両者は異なる。

14　山本隆司『判例から探究する行政法』（有斐閣、二〇一二年）一一七～一一八頁。

15　松井茂記『日本国憲法』（有斐閣、一九九九年）四八〇頁。松井教授の拠って立つプロセス的基本的人権観については、同書二九七頁以下参照。

16　山﨑重孝「住民と住所に関する一考察」『地方自治』七六七号（二〇一一年）二頁。

17　拙稿「区画・区域・土地」『地方自治』七九一号（二〇一三年）二頁。

18　安田充・荒川敦編著『逐条公職選挙法（上）』（ぎょうせい、二〇〇九年）七五頁。

19　参議院議員選挙に関しても都道府県代表的性格が認められている（最判昭和五八年四月二七日民集三七巻三号三四五頁等）。

20　多賀谷・前掲註（一三）一四八頁。

21　今日においては、土地のプラス面のみならずマイナス面が喫緊の課題となりつつある。例えば、耕作放棄地、空き地問題、限界集落など、土地の存在がその所有者のみならず社会全体にとっても負担になることがある。そこで、土地所有者の負担を軽減し、かつ、環境保全を図るために、景観管理協定などの同意に基づく協定手法によって、公的主体が財政負担をも含む管理を担うことも求められている。

22　角松生史「『公私協働』の位相と行政法理論への示唆」『公法研究』六五号（二〇〇三年）二〇六頁。

23　最判平成一八年三月三〇日民集六〇巻三号九四八頁（国立マンション事件判決）。

24　地方公共団体を領域社団法人と性格づける見解は、――伝統的ではあるが――一つの見解にとどまる。本パネルディスカッションを通して浮き彫りになった太田教授と金井教授の見解の相違は示唆的である。金井教授が提示される「ゾーン・ディフェンス」という考え方（金井利之「対象住民側面から見た自治体・空間の関係」本書八七頁以下）は極めて刺激的であるが、本稿筆者にとっては、誰がどのように公益を決定するのかという問いに対していかに応えるのかという点をはじめ、根本的な省察を要することから、現段階では、領域社団法人としての性格づけに則って論を進める。なお、領域社団法人という補助線の採用は、住民対国家（国または地方公共団体）のみならず、住民相互間の関係をも射程に入れるという本稿筆者の意図に基づくものでもある。

25　名和田是彦「地域社会の法社会学的研究の理論枠組の試み」『法社会学』五九号（二〇〇三年）五頁。

26　石川健治「執政・市民・自治」『法律時報』六九巻六号（一九九七年）二五頁、二九頁。

27　空間秩序への参与権に関して、シンポジウム「復興の原理としての法、そして建築」駒村圭吾＝中島徹編『三・一一で考える日本社会と国家の現在』別冊法学セミナー二一七号（新・総合特集シリーズ第一号）（日本評論社、二〇一二年）一九四頁以下（石川健治コメント）をも参照。また、太田教授は、区域という要素をもって、地方公共団体の他の機能自治団体からの差異化を図っているが（太田匡彦「居住・時間・住民――地方公共団体の基礎に措定されるべき連帯に関する一考察」本書三三～三四頁）、その中心を占める区域に対する空間管理権能は、広義の秩序形成権能に含まれるとも考えられる。

28　拙稿「住民」『公法研究』七五号（二〇一三年）一六九～一七〇頁。

29　特定行政庁の認可手続として、建築協定書の特定行政庁への提出→特定行政庁による申請の事実の公告、関係人への縦覧、関係人からの意見聴取→特定行政庁による基準適合性の判断、認可・公告→第三者効の発生が定められている（七〇条以下）。

30　建築協定の法的性質をめぐっては、私法契約説（森田寛二「建築協定論、そして公法上の契約論（一、二・完）」『自治研究』六六巻一号・二号（一九九〇年））と準立法説（荒秀「建築協定の法的性質」『ジュリスト』四九〇号（一九七一年））の対立が繰り広げられてきた。なお、建築協定制度に関する分析自体は、拙稿「環境と契約――行政法学の視点から」吉田克己＝マチルド・ブトネ編『環境と契約――日仏の視線の往復』（早稲田大学比較法研究叢書四二号）（成文堂、二〇一四年）六八～七〇頁において、すでに示したことがある。

31　このような関係は、互換的利害関係と呼ばれることがある（山本隆司『行政上の主観法と法関係』（有斐閣、二〇〇〇年）二八五頁以下参照）。
32　長谷川貴陽史『都市コミュニティと法』（東京大学出版会、二〇〇五年）一〇一頁。
33　したがって、「仮のまち」に自治権を備えさせる場合には、議論を異にすることになる。
34　磯部力教授の「自治体行政法学」に関する一連のご業績（「自治体行政の特質と現代法治主義の課題」『公法研究』五七号（一九九五年）一四七頁等）を参照。
35　この関係は、強制加入団体の基礎にある任意団体的性格（太田・前掲註（二七）本書三〇頁）に属する。
36　太田・前掲註（四）はその筆頭に掲げられる「法律論」である。
37　シンポジウム・前掲註（二七）二〇七〜二〇九頁参照（石川健治発言）。
38　最判昭和三八年三月二七日刑集一七巻二号一二一頁。さらに、外国人の地方参政権に関する最判平成七年二月二八日民集四九巻二号六三九頁における日常生活との密接な関連性、特例選挙区に関する判例（最判平成元年一二月一八日民集四三巻一二号二一三九頁等）における郡市の歴史的・政治的・経済的・社会的な「実体」ないし「まとまり」といった考え方にも、通時的要素が見出される。
39　石川健治「自治と民主」『ジュリスト』一二〇三号（二〇〇一年）六五頁。
40　地方公共団体の人的な基礎の不特定性・開放性からして、国・地方を通じての民主的正統性の基盤の統一性確保を要求するドイツ判例理論の批判的分析（斎藤誠「国際化と地方自治の法システム」同『現代地方自治の法的基層』（有斐閣、二〇一二年）一六四頁）は、この問題を考えるにあたっても示唆に富む。

第四章　コメント――自治体の「区域」と「住民」をめぐって――

大阪市立大学教授　阿部　昌樹

Ⅰ　はじめに

太田、金井、および飯島の論考には、自治体の「区域」と「住民」とが、国法上、ある特定のやり方で定義されるとともに、ある特定の規制もしくは保護の対象となることが、我が国における地方自治のあり方にどのような作用を及ぼしてきたのか、そしてまた、そうした、自治体の側からすれば所与の前提と見なさざるを得ない、国法上の「区域」や「住民」の扱いに対して、自治体がいかに対応してきたのかについての、数多くの重要な指摘が含まれている。

このコメントは、しかし、三名の論考のそれぞれにおいて指摘されている自治体の「区域」と「住民」にかかわる重要事項について、網羅的に整理することを意図としたものではない。そうではなく、三名の論考を踏まえて、自治体の「区域」と「住民」について、より一層の検討を進めていくとしたならば、その際に避けては通れないであろうと思われる重要な論点のいくつかを示すことが、このコメントの目的である。

Ⅱ　自治体にとっての「区域」と「住民」

これまで、地方自治について論じた多くの書物で、自治体とは、「区域」と「住民」と「自治権」とをその構成要素とするものであるということが、半ば自明のこととして語られてきた。そして、自治体が「区域」と「住民」と「自治権」とをその構成要素としているのは、国家が「領域」と「国民」と「主権」とをその構成要素としていることと、相似の関係にあると付言されるのが通例であった。

しかしながら、国家の構成要素とされる「領域」と「国民」との関係と、自治体の構成要素とされる「区域」と「住民」との関係には、看過できない相違があるように思われる。

国家の場合には、「国民」であるか否かは、帰化が認められる場合を別とすれば、我が国のように血統主義を原則としている国においては、その国の国民を親として生まれたか否かによって、また、アメリカ合衆国のように出生地主義を原則としている国においては、その国の領域内で生まれたか否かによって判断されることになる。すなわち、本人が意図的に操作することが不可能な出生時の事情が、「国民」であるか否かの判断基準となっている。

これに対して、我が国の地方自治法は、まず五条一項で、「普通地方公共団体の区域は、従来の区域による」と、自治体の「区域」について規定した上で、そのように規定された自治体の「区域」を前提として、一〇条一項で、「市町村の区域内に住所を有する者は、当該市町村及びこれを包括する都道府県の住民とする」と、誰がそれぞれの自治体の「住民」と見なされるべきかを規定している。そして、自然人に関しては、民法二二条の規定に従って、「各人の生活の本拠」が「その者の住所」と見なされることになる。これらの規定を前提とするならば、誰を親として生まれたのか、あるいは、どこで生まれたのかといった、本人による意図的な操作可能性を遮断された過去の出来事は一切考慮されることなく、現時点において特定の自治体の「区域」内に「生活の本拠」を有しているか否かという、本人による主体的選択に起因する可能性の高い事象によって、その自治体の「住民」であるか否かが判断されることになる。

重要なことは、地方自治法上は、まず自治体の「区域」が定義され、その「区域」に現時点において「生活の本拠」を有している者が、現時点における「住民」と見なされるという扱いになっているということである。

こうした地方自治法上の規定を前提とする限りは、ある者がどの自治体の住民であるかと、その者がどのような「血縁」や「地縁」を有しているのかとは、まったく無関係である。「血縁」や「地縁」が、出生やその後の人生、すなわち各人の「歴史」に由来するものであるのに対して、ある特定の自治体の「住民」であるかどうかは、そうした「歴史」とは一切かかわりのない、現時点における事実のみにかかわる事象なのである。

そうであるとしたならば、たとえば、ある自治体の住民のすべてがその自治体の区域の外に転出した後に、その区域にそれまで来たことのない、しかも相互にまったく面識のない人々を、何らかの方法で全国各地から集め、それらの人々にその区域に住んでもらったとしても、「住民」という側面に関しては、自治体としての存立要件を満たしていることになるはずである。ところが、最高裁判所は、そのようには考えていないようである。すなわち、太田も言及しているところであるが、東京都の特別区が憲法上の地方公共団体と見なしうるかどうかが争点となった事件において、最高裁は、次のように述べている。すなわち、憲法上の「地方公共団体といい得るためには、単に法律で地方公共団体として取り扱われているということだけでは足らず、事実上住民が経済的文化的に密接な共同生活を営み、共同体意識をもつているという社会的基盤が存在し、沿革的にみても、また現実の行政の上においても、相当程度の自主立法権、自主行政権、自主財政権等地方自治の基本的権能を附与された地域団体であることを必要とするものというべきである」（最高裁判所昭和三八年三月二七日判決・刑集一七巻二号一二一、一二二頁）。

この最高裁判決の論理に従うならば、「事実上住民が経済的文化的に密接な共同生活を営み、共同体意識をもつているという社会的基盤が存在」することが、人々の地域的な集まりを憲法上の地方公共団体と見なすための不可欠の要件となる。最高裁は、そうした論理に基づいて、この判決が下された一九六三年の時点では、東京都の特別区は憲法上の地方公共団体とは見なし得ないと述べているのであるが、重要なのは、法律上はどこにも規定されていない「共同体意識」なるものが、唐突に提示されていることである。

この最高裁判決には、自治体の構成要素としての「住民」とは、たまたま特定の自治体の「区域」内に居住している、相互に何らの紐帯も持たない、ばらばらの個人の集合体であってはならないという発想を読み取ることができる。しかしながら、人々の地域的な集まりを憲法上の地方公共団体と見なすために必要な、それらの人々相互間に共有されている最低限度の「共同体意識」とはどのようなものであるかについては、最高裁は何も語っていないし、そうした「共同体意識」が、同じ「区域」内に、ある程度の期間ともに暮らし続けることなしに、生成しうるものなのかという疑問にも、最高裁はまったく答えていない。

太田は、この最高裁判決を踏まえつつ、その時々における生活の地域的共同という共時的な事象によって根拠づけられる人々相互間の「連帯」が、自治体の存立の基礎にあるという理解に、地方自治法は依拠しているという解釈を示している。しかしながら、人々の地域的集まりに、憲法上地方公共団体に付与されている種々の権能を与えるためには、すなわち、その集まりを法的に自治体と認めるためには、「共同体意識」や「連帯」といったものの間主観的な共有が必要なのかどうか、また、それが必要であるとして、その「共同体意識」や「連帯」の内実はどのようなものなのかといったことについては、さらなる検討が必要であるように思われる。

Ⅲ　自治体の開放性

自治体を成り立たせるものとして住民相互間に共有された「共同体意識」や「連帯」が重要であるとした場合に、その内実がいかなるものであるかが問題とならざるを得ないのは、自治体がその本質において開放的であること、すなわち、太田の表現によれば「開放的強制加入団体」であることと密接に関連している。開放的である団体において、その開放性と両立可能なものとして成立しうる「共同体意識」や「連帯」が、いかなるものであるかが問われざるを得ないのである。ちなみに、飯島が検討している居住移転の自由の憲法的保障とは、この自治体の開放性を、個々人の、自らがその構成員となる自治体を選択する自由として、法的に宣言したものであると考えることができる。

なお、自治体の開放性には、二つの側面がある。一つは、区域内への流入の制御不可能性である、カルト的な宗教団体の信者が提出した転入届の受理を、その宗教団体の信者が大量に区域に流入したならば、区域の治安が悪化し、自治体のそもそもの存立目的である住民の福祉の増進を実現することが困難となるという理由で、拒むことができるか否かという問いは、この流入の制御不可能性にかかわるものである。また、「福祉の磁石（welfare magnets）」という語で語られているのは、住民への福祉サービスを手厚いものとすると、その充実した福祉サービスを求めて貧困者が大量に区域内に流入してくるようになり、それらの者に福祉サービスを提供するために要する費用が、自治体の財政を圧迫してしまうというシナリオであり（Peterson & Rom 1990）、これもまた、流入の制御不可能性にかかわるものである。

もう一つの側面は、区域外への流出の制御不可能性である。「足による投票」という語が、自治体が、住民の多くが望まないような政策を実施し続けたならば、多くの住民は、その自治体に愛想を尽かして他所に引っ越してしまうという意味で用いられるとき、その前提となっているのは、流出の制御不可能性である。また、いわゆる「限界集落」が発生するのも、それまでその集落に暮らしていた人々が、次第に高齢化し、徐々に亡くなっていくことに加えて、集落外に暮らしている親戚等を頼って、一軒また一軒と転出していく、その結果としてであることが少なくないように思われる。すなわち、流出の制御不可能性が、「限界集落」の発生を加速させていることが多いと考えられるのである。

ただし、自治体は、完全に開放的な、すなわち、区域内への流入も区域外への流出もまったく制御することのできない存在ではない。飯島が指摘しているとおり、自治体は、これまで、ある種の誘導的手法を用いて、区域内への流入や区域外への流出を制御しようとしてきたし、現在もしているからである。例えば、区域内での集合住宅の建設を制限する政策には、一戸建ての住宅を購入するだけの経済力のない人々の流入を抑制する効果が伴うであろうし、子どもの医療費の自己負担分を自治体が補助し、実質無償化するような政策には、子育て中の世帯の流入を促進する効果が伴うであろう。そして、そうした効果が期待できることが、まさに、そのような政策を自治体が採用する理由であることが少なくない。

憲法が居住移転の自由を保障していることに抵触しない範囲で、あるいは、自治体が「開放的強制加入団体」であることと両立可能な範囲内で、自治体には、区域内への流入や区域外への流出を制御するための合法的な手法として、どのようなものが利用可能なのか、そして、それらの手法を用いることによって、自治体の住民の構成がどのように変化し、さらには、住民相互間の「共同体意識」や「連帯」に、どのような効果がもたらされるのかは、慎重な検討に値するように思われる。

Ⅳ　Voice と Exit

自治体の開放性ということに関連して、「Voice」と「Exit」という概念に言及しておきたい。アルバート・ハーシュマンが一九七〇年に出版した著書において提起した概念である（Hirschman 1970）。Voice とは声を上げることであり、具体的には、自分が勤務している企業の労働環境の悪化に気付いた勤労者が、そのことを経営者に直言し、労働環境の改善を求める行為や、自分が定期的に購入している商品の品質の低下に気付いた消費者が、そのことを製造業者に告げて、品質の向上を求める行為を意味する。訳書では「告発」あるいは「発言」と訳されている。Exit とは出ていくことであり、自分が勤務している企業の労働環境の悪化に気付いた勤労者が、その企業に見切りをつけて他の企業に転職することや、自分が定期的に購入している商品の品質の低下に気付いた消費者が、その商品の購入をやめて、別の製造業者が製造している同種の商品に乗り換えることを意味する。訳書では「退出」あるいは「離脱」という訳語が用いられている。

ハーシュマンが指摘したのは、Voice にも Exit にも、経営者に自らが経営する企業の労働環境の悪化に気付かせる効果や、製造業者にその製造している商品の品質の低下に気付かせる効果があり、したがって、それらのいずれも、うまく作用したならば、企業の労働環境の改善や商品の品質の向上に結びつくということである。もちろん特定の企業からの退職や特定の製造業者が製造している商品からの乗り換えが、一時期に大量現象として発生したならば、その企業ないしは製造業者は倒産してしまうであろう。しかしながら、適度な規模で行われ、かつ、企業ないしは製造業者が十分に賢明であったならば、Exit は、企業の労働環境の改善や商品の品質の向上に結びつく。Voice も同様であり、一時期に大量現象として発生したならば、企業ないしは製造業者をパニックに陥らせてしまう危険がないわけではないが、適度な規模で行われ、かつ、企業ないしは製造業者が十分に賢明であったならば、企業の労働環境の改善や商品の品質の向上に結びつく。そうした意味において、Exit と Voice は、機能的に等価なのである。

同様のことが、チャールズ・ティブーが地方財政の最適化をもたらす市場的な仕組みとして示した、いわゆる「足による投票」にも当てはまる（Tiebout 1956）。自らが望む政策を実施してくれるであろう候補者に一票を投じる通常の意味での投票と、自らが望む政策を実施している自治体を見定め、その自治体の区域に居住するという選択とでは、特定の条件が満たされた場合には、それぞれに個性的な政策を実施している自治体と、その自治体の政策を概ね望ましいものと評価する住民とのマッチングという、同等の効果をもたらすということが、ティブーの指摘の含意であった。すなわち、通常の意味での投票と「足による投票」との間には、機能的等価性が認められるのである。

本書に収録されている金井の論考では紙幅の都合で割愛されているが、その口頭報告では、通常の意味での投票と「足による投票」とでは、因果関係が逆転していることが指摘されていた。すなわち、通常の意味での投票の場合には、投票によって表明された住民の選好にしたがって自治体としての政策決定がなされることによって、住民の選好と自治体の政策とのマッチングが実現するのに対して、「足による投票」の場合には、まずは自治体としての政策決定がなされ、その政策に不満を感じる住民が転出していき、その政策を不満とは感じない住民のみが残った、その結果として、住民の選好と自治体の政策とのマッチングが実現する。それは、まさにその通りである。

しかしながら、通常の意味での投票には、ハーシュマンがいうところのVoiceとしての機能も期待できる。すなわち、現職の首長がそれまで実施してきた政策への異議申し立てとして、新顔の首長候補者に投票する投票者が多数を占めた結果、首長が交代し、新しい首長のイニシアティブによって自治体の政策が変更されたならば、それは、自らが立案した政策に不満を持っている住民が多く、それらの住民が続々と転出しはじめていることに気付いた首長が、住民の転出を食い止めるために、その政策を改めるのと、機能的には等価である。また、いずれの場合にも、まず自治体としての政策決定がなされ、次いで、それに対する住民の否定的な評価が表明され、その後に、その評価を踏まえて政策変更がなされるという、同様の因果連鎖が観察されることになる。

それとともに留意すべきなのは、首長やその他の政策決定権限を有する者は、どのような政策決定を行ったならば、住民の多くがそれに不満を感じ、他の自治体の区域に転出するという選択を行うかをあらかじめ予測するであろうと想定されることである。政策決定権限を有する者が、ある政策を採用したならば、住民の多くが、それに不満を感じて転出するであろうという予測に基づいて、その政策の採用を思いとどまったとしたならば、そして、その予測が誤りのないものであったとしたならば、あらかじめ投票によって表明された住民の選好に政策決定者が従ったのと、同様の結果が生じることになる。住民の選好に政策決定者が従うという因果関係は、そうした政策決定者の予測に基づく対応をも含めて考えるならば、通常の意味での投票と「足による投票」とで、完全に逆転するわけではないのである。

重要なのは、住民はいつでも出て行くことができる存在であるということが、自治体が政策を立案するに際しての所与の前提条件の一つとなっており、この前提条件が覆し得ないものであることが、自治体の政策的判断を制約しているということである。

同様のことは、もちろん、他の自治体の区域からの、その自治体の住民の流入可能性についても妥当する。ある自治体が、ある特定の政策を採用したならば、その政策を好ましいものと評価する人々が、周辺の自治体の区域から、多数流入してくる可能性がある。自治体としては、望ましからざる人々が多数流入してくるという結果を招来することが予想される政策を採用することには、慎重とならざるを得ない。

しばしば指摘されるのは、こうした考慮の結果として、自治体間には、Race to the Bottom と言われるような、福祉サービスの切り下げ競争が発生する可能性が高いということとである。もちろん、福祉サービスの切り下げ競争は、自らに利益をもたらさない福祉サービスに多額の税が用いられることを嫌う裕福な住民からの、明示された要望に対応するというかたちで、Voice を契機としても生じうるが、重要なのは、福祉サービスの充実は、裕福な人々の流出と、貧しい人々の流入を帰結し、その結果、自治体の税収を減少させ、財政を悪化させる可能性が高いということを、自治体の政策決定者は無視することができないということである。自治体の開放性は、それぞれの自治体の政策決定者にとっては、いかんともしがたい与件なのである。

ところで、Voice と Exit との機能的等価性、あるいは通常の意味での投票と「足による投票」との機能的等価性は、ある条件が満たされた場合には、いずれによっても、住民の選好と自治体の政策とのマッチングが実現されるという、限定された意味でそうであるに過ぎないということには留意が必要である。Voice が活発に行われている状態、あるいは、自治体の首長や地方議会の議員を選ぶ選挙において、有権者の多くが投票している状態は、地域民主主義が正常に営まれている状態と見なしうるであろう。それに対して、Exitが活発に行われている状態、すなわち、住民が続々と転出している状態とは、地域民主主義が正常に営まれているためのそもそもの前提条件としての、自治体の存在それ自体が危機に瀕している状態である。すべての住民が転出してしまったならば、自治体の政策的判断を住民の意思に基づいたものとするという意味での地域民主主義の実現が不可能となるだけではなく、「区域」と「自治権」とともに、「住民」を自治体の構成要素と考える限り、自治体の存在それ自体が否定されてしまうことになるからである。

このことを踏まえて、太田が詳論している原発避難者特例法に眼を向けるならば、この法律は、Exitを抑制するための一つの法的な工夫として理解可能であるように思われる。もちろん、福島第一原子力発電所の過酷事故への対応として、警戒区域や帰宅困難区域に指定された地域には、そもそも暮らすことはできないのであるから、それらの地域に暮らしていた人々は、他の場所に、多くはそれまで暮らしていた市町村の区域外に、転出せざるを得ない。そうであるにもかかわらず、たとえそれまで暮らしていた市町村の区域の外に転出したとしてもなお、元々暮らしていた市町村の役所ないしは役場に転出届を提出し、転出先の市町村の役場ないしは役所に転入届を提出しない限りは、法的には、元々暮らしていた市町村の住民と見なされるというのが、原発避難者特例法によって創出された「避難住民」という法的カテゴリーの意味するところである。物理的にはExitしているが、意識としてはExitしたくないと望む人々に、それにふさわしい法的地位を与えることが、特例法によって「避難住民」という法的カテゴリーを創出したことの、重要な目的であったと理解することが可能であろう。

この法律はまた、「特定住所移転者」という法的カテゴリーも、新たに創設している。住民基本台帳法上の住所を転出先の自治体の区域に移しても、元々暮らしていた市町村の役所ないしは役場に所定の届け出を行えば、「特定住所移転者」と区分され、その市町村が「特定住所移転者」を対象として実施する施策の対象者となることができるともに、その市町村が「特定住所移転者」を対象とした施策に関して意見を聴取するために、条例により「住所移転者協議会」を設置した場合には、その構成員となることができることが、この法律によって定められたのである。物理的には完全にExitし、意識としても半ばはExitしたのだけれども、完全にはExitしきれていない人々に、それにふさわしい法的カテゴリーを用意し、完全にはExitしきってはいないことに対応して、通常の住民に保障されるほどに充実したものではないが、最低限度のVoiceの可能性を保障するというのが、「特定住所移転者」という法的カテゴリーが創出された、その理由であったと考えられる。

原発避難者特例法が「避難住民」と「特定住所移転者」という新たな法的カテゴリーを創出したことが、「住民」に関するこれまでの理解に、どのような影響をもたらしていくのかは、未だ不明瞭である。ここではさしあたり、住民にはExitという選択肢が常に開かれているということが、自治体の政策的判断の看過し得ない制約条件となっていることと、ExitとVoiceは、ある条件が満たされた場合には、いずれによっても、住民の選好と自治体の政策とのマッチングが実現されるという意味では機能的に等価であるが、一時期に大量現象として発生するExitは、自治体の存在そのものを危うくするという点を指摘するにとどめておきたい。そうであるがゆえに、住民の自治体からのExitや自治体へのVoiceを、国法上どのように規制するかが、重要な検討課題となるのである。

V　「空間なき自治体」と「住民なき自治体」

繰り返しになるが、自治体とは、「区域」と「住民」と「自治権」とをその構成要素とするものであるということが、これまで、地方自治について論じた多くの書物で、半ば自明のこととして繰り返し語られてきた。この言説を妥当なものとして受け容れるならば、「空間なき自治体」も、「住民なき自治体」も存在し得ないということになるはずである。

そうした観点から、福島第一原発の過酷事故への対応として、全町避難を余儀なくされた町や全村避難を余儀なくされた村を見るならば、それらの町村は、誰も住まない、そもそも住むことができない「区域」と、その「区域」の外で暮らす「住民」とを構成要素とする自治体であり、「区域」と「住民」とが分断されてはいるものの、なお「区域」と「住民」を備えており、自治体として欠けるところはないと言うことができるかもしれない。すなわち、全町避難もしくは全村避難によっては、「空間なき自治体」も「住民なき自治体」も産み出されてはいないと、差し当たりは言うことができそうである。しかしながら、ある自治体の「区域」内に「住所」すなわち「生活の本拠」と見なしうる場所を有していることが、その自治体の「住民」であるということであるという地方自治法の論理を前提とするならば、「区域」内に「生活の本拠」を有している者が一人もいなくとも、なお「区域」と「住民」と「自治権」とをその構成要素とする自治体が存在していると考えてよいのかどうかは、議論の余地のあるところであろう。原発避難者特例法によって「避難住民」という法的カテゴリーを創出したのは、こうした自治体の存在それ自体に対する疑念を、あらかじめ封じ込めておくという意図もあってのことであろうと推測したとしても、あながち的外れであるとは言い難いように思われる。

しかしながら、もしも、全町避難を余儀なくされた町や全村避難を余儀なくされた村の住民のすべてが、住民基本台帳法上の住所を、他の市町村の区域内に移してしまったとしたら、どうなるのであろうか。「住民なき自治体」が現出することになりはしないであろうか。もちろん、その町村の区域を、住民の存在している別の市町村のいずれかが編入してしまえば、何も問題は生じない。しかしながら、いずれの市町村も、その住民不在となった町村の編入を望まないとしたならば、その住民不在の町村は、住民不在のままで、「住民なき自治体」として存続し続けるのであろうか。

この問いは、実は、福島第一原発の過酷事故への対応として、全町避難を余儀なくされた町や全村避難を余儀なくされた村に限定された問いではない。今後の我が国における人口減少の進展を踏まえるならば、中山間地域等の町村が、いずれは「住民なき自治体」となる可能性は、けっして皆無ではない。そうした事態が生じた場合に、どのような対応をすべきなのかは、近隣市町村への強制編入といった可能性をも含めて、早急に検討をはじめるべきであるように思われる。

Ⅵ　成員資格の自己決定

これまでは、太田が言うところの自治体の「開放的強制加入団体」としての属性のうちの「開放性」すなわち、人々の区域内への流入と区域外への流出の制御不可能性に焦点を合わせて検討を進めてきた。ここで、「開放的強制加入団体」のもう一つの属性である「強制加入的性格」について、この「強制加入的性格」を緩和することを目的とした、あるいは、そうした効果を随伴するような動向が見られることについて、簡単にコメントしておきたい。

「強制加入的性格」には、二つの側面がある。一つは、ある自治体の「区域」内に「生活の本拠」としての「住所」を有していれば、その自治体の住民でありたいという意思を有していようがいまいが、その自治体の住民とならざるを得ないという、個人にとっての「強制加入的性格」であり、もう一つは、それぞれの自治体は、その「区域」内に「生活の本拠」としての「住所」を有している者すべてを、そして、それらの者のみを「住民」として扱わざるを得ないという、自治体にとっての「強制加入的性格」である。

このうち、個人にとっての「強制加入的性格」に関しては、原発避難者特例法によって、特例としてではあるが、大きな例外が設けられた。同法においては、ある特定の個人が「避難住民」となるか、「特定住所移転者」となるか、あるいは、避難元の市町村との関係を完全に断ち切り、避難先市町村の住民となるかは、その者の「生活の本拠」がどこにあるかではなく、その者がどのような意思を有しているかによって決せられることになる。例えば、二〇一一年三月一一日には双葉町の区域内に住所を有していたが、その後、福島第一原発の過酷事故により避難を余儀なくされ、現在はいわき市の区域内で暮らしている者は、その者の選択次第で、「避難住民」として、双葉町民で有り続けることもできるし、いわき市民になった上で、「特定住所移転者」として、双葉町とのつながりを持ち続けることもできるし、いわき市民になりきり、双葉町との関係を完全に断ち切ることもできる。双葉町の住民にもいわき市の住民にもならないという選択の余地はないものの、いずれの住民となるかは法的には自由であり、その範囲において、特定の自治体に「住民」として「加入」することの強制的性格は弱められているのである。

これに対して、自治体にとっての「強制加入的性格」を緩和し、誰を「住民」として認めるかについて、自治体としての自己決定の余地を認めていこうという意図を読み取ることのできる取り組みとして、国法上のものではないが、飯島の言及していた、自治基本条例において「市民」、「町民」、「村民」を定義するという各地の自治体の取り組みを挙げることができる。多くの自治体が、自治基本条例において、その自治体の区域内に「生活の本拠」としての「住所」を有してはおらず、それゆえ、地方自治法上はその自治体の「住民」とは見なし得ないが、しかし、その自治体の区域内にある事業所に勤務しており、あるいは、その自治体の区域内にある学校に在籍しており、一日の多くの時間をその自治体の区域内で過ごしている者も、地方自治法上の「住民」とともに、その自治体の「市民」、「町民」もしくは「村民」と見なした上で、その自治体の行財政運営に参画する権利を、ある範囲内で保障している。自治体の行財政運営に関して、通勤・通学者も、「住民」に準じた役割を果たすことを期待し、そうした期待にそれらの者が応えられるような法的対応を、国法と抵触しない範囲内において講じていこうというのが、そうした自治基本条例の規定の趣旨であろう。そこには、自治体にとっての「強制加入的性格」を、自治体のイニシアティブによって緩和していきたいという意思を読み取ることができる。

原発避難者特例法によって創設された特例は、まさに特例であるし、各地の自治体の自治基本条例において採用されている「市民」、「町民」もしくは「村民」の定義は、地方自治法上の「住民」の定義を改変しようとするものではない。しかしながら、これらの事象の延長線上において、自治体の「強制加入的性格」を、どこまであれば緩和できるのかは、検討する価値のある課題であろう。

Ⅶ　自治体／地方公共団体

最後に、「自治体」あるいは「地方公共団体」という語の使用に関して、言及しておきたい。

太田は、「地方公共団体」という語を、一貫して、住民をその構成員とする団体を指し示すものとして、すなわち、日本国憲法や地方自治法がこの語を用いる際の意味と同様の意味で用いている。そうした意味で捉えられた「地方公共団体」の構成員資格を、法はどのように規律しているのか、あるいは規律しようとしているのかということが、太田の基本的な関心事であった。

飯島もまた、「地方公共団体」という語を、住民をその構成員とする団体を指し示すものとして用いている。そして、「居住移転の自由」には、自らがその構成員として参政権を行使する「地方公共団体」を選択する自由という側面があるという考え方を示すとともに、議論を展開する上で「地方公共団体」を、住民を構成員とする「領域社団法人」として捉える見解に依拠している。

これに対して、金井は、「自治体」という語を、基本的には、「地方政府」すなわち国家の領土のうちの一部分を統治する機構という意味で用いている。この「自治体」の「地方政府」としての特色を、金井は、「ゾーン・ディフェンス」という言葉で、巧みに表現している。人々は、ある「自治体」が管轄する区域に転入したり、そこから転出したりするが、「地方政府」としての「自治体」は、その管轄する区域を統治する責務を負い、その時々にそこに「住所」を有する「住民」に、行政サービスの提供をはじめとする種々の統治作用を及ぼしていく。それが、金井が言うところの「ゾーン・ディフェンス」の主体としての「自治体」に他ならない。

これに対して、このコメントにおいては、「自治体」という語を、住民をその構成員とする団体を指し示すものとして用いてきた。

言うまでもないことであるが、住民をその構成員とする団体としての自治体は、地方自治法上「法人」とされており、個々の住民の意思とは別個の、法人としての意思を有する存在である。

法人としての自治体が、その法人としての意思を確定するために準拠しなければならない手続は、地方自治法その他の法令に規定されているが、重要な意思決定に関しては、民主主義的な手続を通して構成員としての住民の意思を汲み上げ、それを踏まえて法人としての意思を確定すべきことが法定されている。この局面を重視するならば、自治体とは、住民をその構成員とする団体であるという理解が、しっくりと来る。

しかしながら、法人としての自治体は、その法人としての固有の意思が確定したならば、その意思に基づいて、個々の住民に統治作用を及ぼしていくことになる。この局面においては、統治作用の対象となる個々の住民には、自治体は、自らが所属する団体としてよりも、むしろ、自らが居住する地域を管轄する「地方政府」として観念されるであろう。

「自治体」あるいは「地方公共団体」という語を、住民をその構成員とする団体を指し示すものとして用いることも、「地方政府」の意味で用いることも、いずれも誤りではない。しかしながら、太田の用いている「開放的強制加入団体」という語は、「地方公共団体」とは住民をその構成員とする団体であるという認識を前提としてのみ理解可能なものであるし、金井の用いている「ゾーン・ディフェンス」という語は、「自治体」とは「地方政府」であるという認識を前提としてのみ理解可能なものである。そうした、ある特定の語が使用される際にその前提となっている「自治体」あるいは「地方公共団体」の捉え方を、見誤らないようにしなければならない。

【参考文献】

Hirschman, Albert O., *Exit, Voice, and Loyalty: Responses to Decline in Firms, Organizations, and States*, Harvard University Press, 1970（『組織社会の論理構造——退出・告発・ロイヤルティ』ミネルヴァ書房、三浦隆之訳（一九七五年）、『離脱・発言・忠誠——企業・組織・国家における衰退への反応』ミネルヴァ書房、矢野修一訳（二〇〇五年））.

Peterson, Paul E. & Mark C. Rom (1990) *Welfare Magnets: A New Case for a National Standard*, Brookings Institution.

Tiebout, Charles M. (1956) "A Pure Theory of Local Expenditures," *Journal of Political Economy*, Vol.64, pp.416-424.

第五章　討論

◆地域自治組織をどう評価するか

阿部　まずは、すでに私のところに提出されている質問用紙に書かれている質問にお三方にお答えいただき、その後は、オーラルでディスカッションをするという形にさせていただきたいと思います。質問用紙が提出された順番に従って、まず提中さんの質問からはじめます。これはどなたにということではないので、どなたからでも結構ですので、お答えいただければと思います。

どのような質問かというと、自治基本条例で地域自治組織を、区域を決定して創設するという例がある。必ずしも強制加入ではないようだが、条例である区域を決めるというのは、任意団体の創設ではなくて自治体内にミニ自治体を創設するようなことになる。それには、個人と国家を前提とする近代法的考え方からすると違和感がある。このことをどう思われますかという内容です。条例で区域を確定して、地域自治組織を創設することが、自治に対して持つ意味ということになろうかと思います。

飯島さんが最後に触れた建築協定や都市計画提案制度は、どの地域で実施するかは住民が主体になって決めるというものですが、そうではなくて自治体が部分秩序形成を行うべき区域を決めてしまうような仕組みですと、それは近代法的な発想とは相容れないのではないかということですが、いかがでしょうか。

飯島　公権力主体が区域を設定することは、それもまた把握の一つのツールなのではないかという気がいたします。住民をいかに把握し、活動させるかという際に、地方公共団体の区域つまりは国から押しつけられた区域でもって把握するというのが実定法制度の建前だと思いますが、それに加えて、地方公共団体自身が自ら区域を設定して、区域の中での住民の把握の仕方としてやっているのではないか、そして、それは一つのやり方としてありうるのではないかと今の段階では受けとめております。

太田　ご質問に対して、私には三つの感想がありま す。

第一に、今回の報告のテーマに鑑みまして、明確には言いませんでしたが、区域と空間管轄（土地管轄）は違うことを理解する必要があるだろうと思います。裁判所は空間を管轄している。地方支分部局も空間を管轄しているのですが、あれは区域ではないわけです。日弁連も機能自治団体だと私は捉えますが、あれは県単位で作っています。あれは事務所を置くとそこに強制加入ですね。例えば、神奈川県弁護士会は、神奈川県に事務所を置いている弁護士を強制加入させるわけですが、あれは地方公共団体と同じ意味で区域を持っているわけではなく、土地管轄を持つだけです。その一番分かりやすい差異は何かというと、空間管理権能がないというところに帰着すると思います。

その前提で見ると、私には、区域を単位に地域自治組織を作ったというときの区域とは、単に空間管轄にとどまるように見えます。つまり金井さんの言う言葉でいうと、誰をメンバーシップにするかという割り振りのための空間管轄以上のものではないのではないかと思えます。

第二に、ミニ自治体なのか。私はその条例はよく知りませんから、何ともお答えしづらいのですが、構成員はいるのだろうか。つまり行政区、行政区事務所のようなものにすぎず、構成員を観念できるのだろうか。強制加入はあり得ないはずなので、任意加入で入っている人がいるけれども、町内会配置のプログラミングみたいなものにすぎないのではないか。そのようなことをやるというのが世話焼きという話であって、だから私は自治基本条例を高く評価しない方向へ動くのですが、本当にミニ自治体だろうか。端的に言えば、地域自治組織と名のついた出先事務所ではないか。出先単位行政区ではないかと疑います。

したがって、第三に、その地域自治組織というのは、住民自治組織とは違うのではなかろうかという疑いも持って見ることになるかという気がします。さしあたっての感想以上のものではありません。もし自分がそういうものについて調べるとなったら、そこら辺を注意しながら条文を読むことになるかという気がします。

◆自治体とは何か？

金井　そこが一番住民という概念の重要なところだと思うのですが、私は太田先生とは違って自治体は構成員を持たないという感じで捉えていますので、あくまで管轄の問題だと思います。すべては空間管轄の問題であるということになります。その意味では、ある人に選挙人という役割を与えるとか、いろいろな役割が個別法で、多種多様な観点から、いろいろな人に割り付けられているのが、そもそもの地方公共団体というものです。そういう自治体は、そういう地方政府機構としてあるわけですが、そこに別に加入していると か構成員がいるわけではないのです。構成員なき機構が自らの出先機関を作ることは当然あるでしょう。その出先機関は、規制をするということを、人に対してすることもできます。何らかの規制を行うということが、あたかも団体構成員への加入であるかのごとき装いを持たせることに、地方公共団体や地域自治組織の一番の妙味があるのでしょう。

つまり、単なる機構にすぎないものに対して、あたかも住民自治組織である社団であるかのごとき印象を与えて、そこで、「構成員」として動員をしようというのが一番重要なポイントで、要は公務住民として仕立てるということです。簡単に言えば、太田さんが出先機関とおっしゃったと思いますが、出先機関の「職員」として、そこら辺に住んでいる人間を勝手に「任命」するという行為です。公務就任権は一方的な公法的任命行為なのか契約行為なのかという話はありますが、いずれにせよ、自治体為政者は、勝手に出先機関を作って勝手に住民を公務住民として仕立てて仕事をさせたいのです。しかしそんなことを言われても、ただ働きだから嫌だといって人々から抵抗されるから、何となく加入団体であるとか自治組織であるかのごとき神話を構成するということです。その微妙なところで、例えば、地域自治組織であるとか町内会の強制加入はできないのかとか、そういう話が出て来やすいのです。ということは、逆に言うとそういう神話のメカニズムこそが、住民を公務に駆り立てるときのツールになっているということを、統治団体としての自治体は自ら知っているのです。何となく違和感を持たれるというのは、動員の契機が暗黙裡に感受されるからだと思うのです。

ただ、同じことは国が自治体に対して動員するためのツールとして使っています。あたかも領域社団であるかのごときに地方公共団体を位置づけることによって、何となく住民に自治をさせる、行政をさせる。人々の動員回路に使っているので、そこで、自由主義的・法の支配的な原理から言うと違和感が出てくるのでしょう。出てくるにもかかわらず為政者がやりたがるというのは、そこに何らかの別のロジックが作用しているわけです。政治上・行政上あるいは統治上の、要は国民動員上の便利が作用しているというところです。法的な理屈から言うと、何となく説明がつかない、もやもやしたものがあるのではないか、というのが私の理解です。

提中　地方自治法に地域自治区という同じような仕組みがあるのですが、確かにこれは地方自治法の章立ての中で「第七章執行機関」の章の中に入っていますから、行政機関のシステムの一つとして設計したようになっています。そのため構成員というか住民というものがないイメージになります。しかし、地域自治区には「区域」があり、その機関として地域協議会を置くことになっていますが、その地域協議会には「構成員」がいて、その区域内に住所を有する者のうちから市町村長が選任することとされています。そういう規定ぶりからすると、住民を想定しているように思います。

質問をしている地域自治組織は、自治会のようなものを条例によって区域を決めて創設するものなので、住民概念がないとは言えないと考えます。そこで、自治体も同様に住民を構成員とするものであるならば、ミニ自治体のようなものになるのではないかと思ったわけです。

ところが、自治体に住民概念がないということになると話が違うのですが、私は、自治体というか地方公共団体は、住民を構成員とする社団法人だと思いたいのですが、そうではないのでしょうか。

金井　ですから、阿部先生が整理しているように、私は構成員を持たない機構として自治体を捉えた方が良いのではないか、と考えています。だから地方自治法も最初の方に、法人（二条一項）があって、区域（五条）があって、住民が出てくる（一〇条以下）……。

提中　法人というのは、社団法人だと思っていたのですが、違うのですか。

金井　おそらく社団法人でもなく財団法人でもなく、やはり地方公共団体という法人なのだろうと思うのです。第三のカテゴリーです。政府法人として第三のカテゴリーを広く捉えれば、国と地方公共団体が含まれます。おそらく、自治体は、財団に引きつける必要も、社団に引きつける必要もないのだろう、というのが私の当面の理解です。これは両先生とは違うかもしれません。まあ、財団法人には構成員は不要です。機関としての評議員（会）・理事（会）はありますが。

太田　そこが対立点であって、動員のために社団の化粧を施した、だから考察する際にそれに囚われてはならないと理解するのが簡単に言えば金井説だろう。実際に、領域社団だと言っていたわけですが、他方で領域がない社団が通常ですから、その説明が説明になっているのかよく分からないところがある。

ただ、なぜ社団なのか。私は統治団体だと言いました。団体であって構成員を持っている。なぜそのように考えるのか。おそらく、ある種の団体であるというところから一定のガバナンスのメカニズムを創り出してきた。それに基づいていろいろな法人組織の発想に従ってガバナンスの機構を地方公共団体に備えさせたというところだろうかと思います。

これは一九世紀ドイツあるいは一九世紀ヨーロッパの法人論との文脈があってのことだろうと思います。おそらく法人だとすることによって、一定のガバナンスを設ける。ガバナンスのあり方を考える際に、社団だと理解した方がまともなガバナンスを可能にするように見えたのではなかろうかと思います。

社団でなければ何だったのか。一つの候補は組合なのですが、これは法人格を与えるには今一つ厳しい。もう一つの候補は財団だということになります。ただ財団は管理者はいるのですがメンバーシップはいません。古典的なドグマに従う限り、寄附行為に基づいて設立され、あとは寄附行為通りに財産運用がされているかを管理する人たちがいるだけで、本人とは切れてしまう。

社団は今いる構成員が当該社団を本当に自由にしかねないというガバナンス上の問題を抱えますが、財団も財団でガバナンス上の問題を抱えます。プリンシパルがいなくなってしまったようなものですから。財団がガバナンスに問題を抱えるのは、いわゆる社会福祉法人などで時々悪口を言われることをお考えになればお分かりになるだろうと思います。

では第三のカテゴリーがあるのか。実は行政法に関しては営造物という訳の分からないものがありますが、これはどちらでもないとすると、どういうガバナンスの組織が良いのかが当然には出て来ないという問題を抱えるだろうと思います。

そういう形でガバナンス論をやりやすかったので、ある種の公法学は法人論をやったのではないかと思っています。

◆「住所からの解放」の意味

阿部　かなり根本的な問題に入り込んでいきそうですが、ひとまずここで打ち切り、嶋田さんからお三方に一つずつ簡単な質問が出ておりますので、それらにお答えいただいた上で、ディスカッションに入っていきたいと思います。

まず飯島さんにですが、居住移転の自由イコール個人の住所からの解放ではないのではないでしょうか、住所からの解放という意味が、他のパネリストとズレていないでしょうかという質問です。つまり、どこに移転するかは自由なのだけれども、どこに住んでいようとも、その地域を管轄している統治団体とある種の関係が直接的に生じてしまうという意味では、住所から解放されてはいないのではないかという趣旨の質問だと思います。

飯島　私が住所からの解放と申しましたのは、憲法学説が一般に説明するところの、歴史の精神史的・経済史的理解における、封建体制を前提とした土地からの解放ということですので、その局面とは異なる局面で、居住の事実に基づいて地方公共団体の住民としての地位を与えられるという現行実定法制度に照らせば、住所から解放されていないということはご指摘の通りだろうと思います。

◆連帯を語ることの意味

阿部　次に太田さんですが、ご論考のⅢ・A・二「ある地域に居住し生活を共にする連帯——住所に基づく連帯」の含意をご教授くださいということですが、嶋田さん、もう少し詳しくご説明いただけますか。

嶋田　開放的強制加入団体としての地方公共団体の下に置かれる住民相互の基本関係はどのように理解されるべきかという課題に対する答えが、Ⅲ・A・二〜四だろうと。通時的な連帯も併用される（べき）とされますが、あくまで基軸となるのは、ある地域に居住し生活を共にする連帯、共時的な連帯です。しかし、ここで、素朴に疑問に思うのが、そもそもこうした連帯を語ることが自治制度を考える際に一体いかなるインプリケーションを持ちうるのかということなのです。その点をもう少し具体的に言っていただけるとありがたいなと考えた次第です。

太田　ありがとうございます。それを完全にやるためには、自治体は何を事務とするのかという地方公共団体の事務に関する考察が必要となり、私は今回それを行っていないので、完全なお答えはできません。ただ折角ですので、問題の配置だけいうと、地方公共団体が何をするかという事務論を取り上げるということは、総合行政主体性と向き合うことだろうと思います。この頃は総合行政主体という一つのイメージを地方公共団体に押しつけるものであってけしからんということを言う人が多く、それが塩野先生をはじめ一種の最新のというか、地方自治を真剣に考える方の一つのトレンドであろうと思います。

それは分かるのですが、私の問題意識は、では、機能自治組織が分立する社会の中で地方自治を語る意味はあるか、という点にあります。私は社会保障から研究をはじめましたので、自治への関心も社会保険団体の自治が中心でした。地方自治になぜ関心を向けたかというと、最初は、オーソドックスも勉強しておかなければまずいよね、ということと、授業をやらなければならないから、という以上のものではなかったのです。

そのような関心を持つ者として地方自治によって処理される事務、総合行政主体に関わる議論群を見ますと、国民健康保険が組合方式ではじまったことなどは、地方公共団体の総合行政主体性・全権限性に対するチャレンジだったはずです。実際そういう時代の中で――斎藤先生の分析（斎藤誠『現代地方自治の法的基層』（二〇一二年）第一部第一章）に従えば全権限性と総合行政主体性との由来は異なりますが――、いろいろな機能自治組織・特別地方行政官庁にチャレンジされた地方公共団体についての、その中で自分たちが何ゆえに大切なものであり続けられるかということをめぐる自治業界側からの反発が議論の出発点を形成したのかなと思いながら、斎藤先生のご論文を読んだことがあります。

そのようなことも踏まえて地方公共団体の事務論を分析しないと、連帯の内容は確実にはならないでしょう。そこはお許しいただきたいと思います。その上で敢えて言っておきますと、今回の分析からだけでも、以下に述べるようなことは言えます。一つは内容を非常に固定的に考える理解は困る。メンバーシップは非常に流動的ですから、そこで実現される連帯の内容とされるべきもの、あるいは連帯に基づいているのだとされるものも非常に流動的であるべきです。だから私の議論では、通時的に作られてきた伝統のようなものを受け入れることを条件にするなどのことはできない。メンバーシップは開放的であり、その連帯の内容ないし連帯の表れとして行われることも非常に開放的です。ですからこの議論は高福祉高負担を目指しても良いし、低福祉低負担を目指しても良い、どちらもあるだろうというものの考え方になります。まだ完全な見通しを持っているわけではありませんが、地方公共団体を基礎づける連帯それ自体から導かれる内容それ自体は非常に軽いものに留めておきたい。逆に、軽いものだからこそ強制加入させても問題ないとも言える。そういう発想があろうかと思います。

◆三つの住民概念の現行法上の優先順位

阿部　ありがとうございます。同じく嶋田さんから金井さんへの質問ですが、ご論考では割愛されていますが、口頭報告では、「対象住民」、「公務住民」、「市民住民」という三つの「住民」概念の最大公約数的なものが現行法で採用されているのではないかというお話でした。それに関連して質問ですが、いずれかの住民概念が優先的に採用されている面はないでしょうかということです。法が特定の住民概念を前面に出していることはないのか、という質問です。ご論考では明確に述べられているので、確認という意味で質問します、とのことです。

金井　地方自治法の規定ぶり、条文の番号からすると、「対象住民」が最初に来ているのは、はっきりしています（第一〇条二項）。ただし「対象住民」以外も当然行政対象になっているというところで、同じ行政対象たる人間でも、何らかの区分けがされているということはあると思います。基本的には、法人があって区域があって現在地民を含む「広義対象住民」が指定されて、結果的に何だか知らないけれども「対象住民」の一部に有権者としての権利までついでに付与しようというような並びになっている（第一一条）。その意味ではおそらく「対象住民」が最初にあるということで、まず機構として自治体は最初に設定されているのではないかということです。

オランダの自治法を今ちょっと見ていたのですが、オランダの市町村法（Gemeentewet、自治体法、市制）は、基本法（Grondwet、憲法）でまず法律によって市町村（Gemeente）を設置するということが書いてあって、その上で市町村法にいくと第一章は定義規定でして、その次に何が出てくるかというと、「市町村には市町村会（gemeenteraad）が置かれる」というのが出てくる。ラートとは、議会というべきか評議会（カウンシル）と呼ぶべきかはともかく、市町村会が置かれる。住民などは出て来ない。住民という概念はその前に出てきますが、住民数は中央統計局による住民数であるとかいう、どうでも良い定義があって無意味です。まず機構としての市町村（gemeente）が置かれるというのが基本法で書いてあって、その後に市町村会（raad）が置かれ、その後から住民が出てくるという話なのです。

やはり最初に無機質的な機構が置かれた後で、その機構は何をやるのかというと、対象として、簡単に言えば負担分任させたいという話で、有り体に言えば税金を払わせたいということが出て来ます。極めて統治からすれば当たり前なことが赤裸々に出てくる。それを何とか綺麗に表現したいのが、連帯とか共同意識とかそういうものではないのでしょうか。

阿部　だいぶ刺激的な意見が出てまいりましたが、質問用紙に書かれて提出されている質問は他にはありませんので、ここからは自由に質問あるいはコメントをしていただいて、それに対して報告者の皆さんのご返答をいただく形にしたいと思います。どなたからでも結構です。

◆再び、自治体とは何か？

井川　非常に金井先生の議論はおもしろいのですが、金井先生は、自治体の定義として、自治体は機構であるということですか。

金井　国家の機構です。統治機構の一部です。

井川　機構であり、住民は自治体の構成員ではないということですが、国の構成員ではあるのですか。

金井　国民国家に構成員はあるけれど、国という統治機構に構成員はいないです。中央政府・全国政府・National Government という意味での国には、法人格はありますが、構成員はないです。国民国家の構成員としての国民というのはあります。

井川　お役所ではなくて自治体自体の構成員ではないのですか。

金井　ない。人々や国民が National Government の構成員でないのと同じです。

井川　しかし自治体に住んでいるから、国民という意味と同じように自治体民はいないのですか。

金井　国民国家の構成員としての国民はいます。

井川　そこは太田先生とは違うということですか。どう違うのですか。

太田　国は国籍保有者を構成員とする領域社団なのでしょうね。領域社団とは言わなくても、私は国籍保有者は国の構成員だと考える。国と地方公共団体両方とも同じ統治団体だと考えます。ただ、構成員の資格の与え方が違う。

井川　構成員の定義が違うのですか。

太田　構成員の資格の与え方が違うというのは次のようなことです。国としての日本の場合には国籍保有者を構成員とします。国籍保有は今のところ血統主義なので、生まれた時点で誰から生まれたかを見て判断します。ゼロ時点があるのです。出生地主義もそうです。どこで生まれたかというゼロ時点があります。それに対して、地方公共団体は、今居るのはどこですかということだけで決めます。昔どこに居ましたか、将来どこに居ますかではなくて、今居るのはどこですかということだけで決めるので、それを称して開放的であると言っているわけです。

井川　お二人の構成員の定義が違うような気もするのですが、そうでもないですか。

太田　金井さんは団体というものを観念しない。私は団体というものを観念しているので、そこが違うのだと思います。

金井　国民国家はメンバーシップ制の団体なのです。国民という構成員がいる。それは一応近代ではそういうふうに規定されている。中世では、農民は構成員ではなく、赤の他人です。近世君主制・絶対王制の国家でも、庶民は国家の構成員ではない。それをメンバーシップ制にするというのは一応近代の観点なので、国家は国民国家となります。国民国家としての日本国には構成員はいます。広域指定暴力団に構成員と準構成員がいるのと一緒です。しかし、National Government（国）はあくまでも統治機構ですから、構成員を不可欠の要素とする団体ではない。

井川　自治体も団体ではないのですか。

金井　地方公共団体という法人・機構ではある。

太田　ではちょっと違いますね。国と区別された国民国家とは何ですか。

金井　憲法制定を行う主権のある団体そして構成員のいる団体としての国家です。

太田　それは国ではないのですか。

金井　それは違うでしょう。National Government（国）と国家が違うというのは普通の話だと思います。

碓井　国民国家の国家とそれの National Government がある。そうすると、国民国家に相当するものは自治体領域にはない。そこは空隙というか、カラだということですか。

金井　そういう意味で言えばそうですが、国民という国家の主権者たる構成員が、制憲行為によって国家における統治機構として、国と自治体という二種類の Government を作ったという感じですね。国家＝国の中に自治体があるという入れ子構造ではなくて、同じ根っこである国民国家から、国（National Government）と自治体（Local Government）という二つのタイプの統治機構が権力分立しています。

嶋田　その場合には外国人の問題はどうなのですか。太田先生のロジックでいけば、国と違って自治体においてはそういう広がりを持ちうるという、差異があるという議論ですね。その筋立てをすれば、住民概念であればそこに住んでいればＯＫだから外国人を含められる。

金井　そもそも、どういう行政対象にするかというのは任意で変えられるわけですし、実際上も随所で変わっているわけです。外国人登録と住民登録を一本化して、住民という概念は国籍と切り離しましたから――というか、住民の定義は、もともと国籍と切り離されていました。国だって、行政対象に外国人を含めている。国政選挙の有権者に外国人を含めることも立法政策では可能です。

阿部　「ゾーン・ディフェンス」という語が非常に的確な比喩であって、国家という仕組みの中で「ゾーン・ディフェンス」をうまくやっていくための仕組みはどのようなものなのかと問われたときに、地方自治の仕組みが出てくる。それだけの話だということですね。

金井　そうです。それから国土の全領域を管轄ゾーンとする国（National Government）があります。

◆「住民」にこだわる理由と多層制

木佐　本当に深い基礎的な議論を展開していただいているので、私も頭の中で当然整理しきれていないのですが、今日のテーマはこれまで研究者も含めてあまり疑うことなく使ってきた「住民」という言葉の大震災を契機とした再考の必要性とか、あるいはもともと住民票を持っていたところから離れて暮らさざるを得ない方々が現れて、「地方自治体の区域・領域」を意識せざるを得なくなったことではじまったものです。この科研費による研究は二〇一一年に認められて、今年は三年目です。二〇一一年の三月一一日の二〇日後にこの科研が採択されました。

なぜそういうことから言うのかと申し上げますと、申請書を書く段階では、住民の問題が、地方自治法制のパラダイム転換と大きな関わりを持つとは思ってもいなかったのです。多分、申請書の執筆に当たってくださった嶋田さん、田中さん等、私も含めてあまり意識はしていなくて、もうちょっと法制度一般という意識だったと思います。そこに大震災が起き、原発と絡まって避難者が現れ、住民とその帰属先との関係でかなり深く意を用いざるを得なくなった。それでこうやって二年ちょっと、かなり大きなテーマとして——言い換えますと、地方自治って結局何なんだろうという話に一巡して戻って来たようなイメージを持ちます。

例えばゾーンという言葉、開放的という言葉が出てきましたが、それらは課税の話と結びついていて、課税承諾権とか身分制とか三部会といった言葉ともつながってきます。歴史的には、最終的に参政権の一部の話にもなっていきます。

今日うかがっていて、これまで「市民」と「住民」という言葉で語られてきたものが相対化してきた。機能的に、あるいはテーマごとに、あるいは領域問題ごとに、一言でいうと相対化してきたという気がしてきました。

つまり、今までは住民というのは地方自治法一〇条にあって、法人も含んでいますと、講義はそれで終わっていました。ただ一つ私が気がかりだったのは、日本の地方自治法上の住民概念では法人も入っているというので、外国人も住んでいれば住民ですよと。意外と納得していたのですが、住民訴訟の研究をしているときに、住民だったら死ねば終わりとか、市外に出たら訴訟は終わり。ところが法人だったら半永久的に住民訴訟を続けることができるわけで、実際に田無市だったか、東京で民間企業が起こした住民訴訟で最高裁までいったものがあります。法人が起こせば一〇〇年でも係属するのに、一人の人間であると、例えば、自治体の区域外へ出ていくと却下されますので転勤族のサラリーマンにはできない。法人の方が、実質的には住民訴訟で参政的機能を持っているわけで、いつまでも争える。そこで不思議な感覚を持ちだした以外は、あまり住民という言葉でこだわったことがなかったのでして、このような議論の場で深めることができて良かったと思います。

太田先生は、今日は市町村に限ってお話をするので、都道府県は省きます、と冒頭おっしゃられました。テーマ一般からいうと、国の話については国民という言葉だけで処理する。これに対して、市町村・都道府県の場合は、日本では自治体というか地方公共団体というかはともかくとして、いわゆる伝統的な、選挙権を持っている人は有権者といい、Citizen であり Bürger になる。それ以外の、サービスを受ける局面では「住民」の権利性が強くて、住民だから義務があるということにはあまりなっていないような気がします。例えば、徴兵制は日本にはありませんが、納税の義務はあります。あれは国民が主語ではなかったか。

あまり深く考えることができておりません。ただ、やはり国民概念がベースなので、どなたにどういう質問という表現は難しいのですが、国民、公民、市民、住民という諸概念をどのように整理していったらいいのか、従来ほど簡単ではなくなってきたと思います。一つは金井先生に、住民と市民、あるいは有権者を想定した公民の概念とはあくまでも違うものなのか、その辺りをもう少しお話しいただければと思います。そして、太田先生にも、基礎的自治体の住民と広域的な自治体の住民、そして、国レベルでの国民・外国人という法概念としても区分されることから生ずる問題など、若干の示唆をいただけるご回答がありましたらありがたいです。そして、ヨーロッパの諸国をみていますと、多層制の自治体が多いので、簡単でいいですので、都道府県制度を意識しながら、統治機構の多層制についてコメントをいただけますとありがたいです。

金井　おっしゃるとおりで、口頭報告では、住民を三側面に分けた上で、対象住民と公務住民と市民住民も、どうも一枚岩ではなさそうであるということをお話ししました。実際に運用上も分けて運用されている。しかし運用上分けているものを何となく住民として一体として連結しなければならない、何らかの行政上の利便性があるという感じです。くっついているような、くっついていないような運用が、統治の知恵としてはなされているのであろうということなのです。しかし、分析としては分けた方が良い。実態として分かれているというよりは、実態としては、ズレているような、くっついているようなというところを、観察の問題としては分けた方が良いのではないか。

例えば先ほどおっしゃられました、原子力発電所のレベル七苛酷事故に伴う移転は、まさに太田先生が言ったように、ディフェンスしなければならないゾーン（区域）と、ゾーンをディフェンスすることを任された人（市民住民）が分離した状態で、これがクリアに出るということだと思うのです。実際上、福島第一原発のあたりに現実に所在している人間（法人）は東京電力とその協力会社の関係者なのだから、あのエリアの管理は「住民」である東京電力が仕切ることになりかねない。そうなのだけれども、実際上はそうは割り切って納得できない。何となく微妙に、つかず離れずの形の自治体と住民を作っているというところに、微妙な、つながっていそうでつながっていなくて、つながっていなさそうでつながっているという関係が多分ある。内務官僚的にいう「自治の妙味」というものなのではないかと思っています。

私はこの問題に関心を持ち出したのは、もともと夕張市の事態です。先ほど休み時間中にも阿部先生とも話したのですが、夕張市民は全員なぜ夜逃げしなかったのかというのが私の最大の疑問でした。とにかく法人としての夕張市に借金があるのだから、皆で夜逃げするバスを仕立てて、札幌に行けば良かったではないか。それで借金問題はすべて解決したはずなのに、なぜあそこに住み続けてしまったのかということなのです。地方公共団体・夕張市という法人・機構には、借金は六〇〇億あるわけですが、住民全員がバスで一夜にしていなくなるとすると、地方公共団体という法人も残っていますし、債務・借金も残っていますが、住民はいない。元住民は連帯債務を負っているわけではない。住民はいないから、議員もおらず、返済予算の議決という意思決定もできない。法人としての夕張市に負担能力はあるのですよ、交付税で面積を前提に基準財政需要で配分されるものがあるから、その限りで債権者は長期では回収できます。なぜ皆で夜逃げしなかったのだろうか。

すると、何か夜逃げしてはいけないような、させないような、暗黙の何かがあったのではないか。これは物理的に動けないということではないのです。実際に双葉郡を見れば、物理的には動けるのです、いざとなれば。本当に皆で逃げようと言えば逃げられたはずなのに、逃げさせない何かがあって、「がんばろう」だとか、「人がこのまま減ってしまってはいけない」とか言われました。しかし、もっと減らしてしまってもよかったのではないかということです。「住民なき自治体」とか「空間だけの自治体」ということで、私の関心は、むしろそちらにあった。なぜ「居住移転の自由」があるにもかかわらず、土地に縛られていないにもかかわらず、土地に縛られたような行動をしてしまっているのか。避難警報が出ても逃げない人が多いというのが災害のときには問題になりますが、同じように、夕張市が「破綻」したといっても、一夜でバスを仕立てて、少なくとも再建団体になるまでの二〇〇六年度補正予算だったら、バスを仕立てることとくらい議決できた。それで財産をとにかく使ってバスで逃げてしまって、生活再建費用も必要だから財政から支出して、とにかく全部引っ越し費用にあてるとして、とりあえず札幌かどこかで生活すれば、何十年も借金返済を強要されるよりも、よほど良かったのではないかと思うのですが、なぜそれをしなかったのでしょうか。

そうすると、紐帯とか連帯とかいう共同体意識とかいう話になりそうです。しかし、夕張というのは炭鉱があるから人が集まったので、全国から集まったので、紐帯も共同体性も古くからのものではないような気がするのですが、やはり長い間住んでいると、どうも郷愁から、そうなってしまうのでしょうか。しかも全国の皆が「支援」したというのは、あれは支援したのではなくて、要は避難できるところを、土地に縛り付けて避難させなかったということかもしれません。とすると、極めて悪質な対応をしてしまったのかもしれません。皆で早く逃げようということがなぜできなかったのかが、私の無力な思いです。私は当初から皆で夜逃げをしようと言ったのですが、誰にも相手にされませんで、誠に残念な思いをしました。そういうところが起源にあります。もちろん、物理的空間的に夜逃げをするのもコストが住民にかかりますから、バーチャルに債務を逃れればよいのです。債務を継承する夕張市A（住民ゼロ）と、そこから分離独立した夕張市B

（住民あり）に分ければ、バーチャル夜逃げができます。再生型破産のようなものです。

太田　どのようにお答えすれば良いか分からないのですが、私も、金井さんのように、私がなぜ住所にこだわったのか――実際、行政法学者でこんなに住所にこだわる人はあまりいないと思いますので――についてご説明をして、最後に多層制の話をしたいと思います。

私が、強制加入団体だとかいって、自由を無視しているかのように思われているとすれば、それは違います。私が地方公共団体を強制加入団体だと言っている意図は、むしろ居住移転の自由を確保するためです。その根本的な理由は何かというと、地方公共団体に、お前はメンバーではない、お前のメンバーシップを認めないと言わせないためです。そこに住んだら最後、地方公共団体は受け入れないといけないことを確保するためです。そのためにこそ強制加入がある。

だから、夕張市の例でいくと、夜逃げバスを仕立てます。住所を札幌市に移します。しかしお前の住所はないと札幌市に言わせないためには、そこに住所があるかどうかは地方公共団体が自由に決められることではなくて、客観的に認識されるものとすることが必要です。それはもちろん、社会集団としては裁判官集団が最終的に決めるということにはなるのですが、重要なのは、行政が決めることではないということです。これは、客観的に住所が認められたら最後、――世の中の社会集団としては中立的であると称される裁判官がそこに住所があると言ったら最後、メンバーシップを認めないと言わせないことを確保するための仕組みでもあります。

むしろそのような強制加入団体であるということが移動の自由を確保するための仕組みであるのではないかと私に思わせたのは、実は助手論文を書いていたときに遡ります。そこは私がまだ公表していない部分で、公表していないところを説明するのは申し訳ありませんが、簡単にお話ししたいと思います。もっとも、以下にお話しする点に関する考察は、日本語文献でも示されているところであり、例えば藤瀬浩司「プロシャ

＝ドイツにおける救貧法と労働者保険制度の展開」『経済科学』（名古屋大学）二〇巻四号（一九七四年）八五頁以下（特に八七〜九六頁）、北住炯一『近代ドイツ官僚国家と自治――社会国家への道』（成文堂、一九九〇年）一五九頁以下、脇野幸太郎「ヴァイマル・ドイツ公的扶助制度における扶助実施責任」『社会保障法』二二号（二〇〇七年）九〇頁以下などが参考になります。

私に問題意識を与えたのは、一九世紀の生活保護（公的扶助）の問題です。一九世紀のプロイセンにおける生活保護は誰が行うかということをどのようなルールで定めていたか。当時のドイツには、プロイセン型とバイエルン型がありました。プロイセン型は基本的に一八四二年に成立した法律に示されており、このときにプロイセンは国籍法と、転入者の届出に関する法律というもの、それから一般に救助籍法と訳されている公的扶助に関する一般規律を定める法律を同時に成立させます。

最後の公的扶助に関する法律は、簡単に言うと、転入者が転入届を出すとその転入先ゲマインデ（市町村）において住所（Wohnsitz）が得られる、その住所を有する者に対して当該ゲマインデは公的扶助を行え、と定めていました。これで移動の自由が成立していくわけですが、何が社会的に引き起こされたかというと、農村で生活の貧しい人たちがどっと都市へ流入します。都市は多くの公的扶助費を負担せざるを得なくなり、ぶうぶう言うようになる、そういう時代が生じます。結局、都市と農村が手打ちをしまして、何年間か公的扶助を受けることなく無事に転入先で暮らしたら公的扶助用の独自の Wohnsitz が生じるということが定められるようになります。この Wohnsitz を日本人は救助籍と訳しましたが、今お話しした定めは、要するに救助法上の住所が何年たったら生じるかを定めています。五年だったり三年だったり二年だったり、これは時代につれて変遷します。これが移動の自由の実質的な内容を決めていました。

この Wohnsitz が生じる前に要保護状態に陥ったらどうなるか、二つの解決がありました。一つは、要保護者を直前の Wohnsitz のあるゲマインデに送り返すという解決です。もう一つは、現在居住している都市部のゲマインデが公的扶助給付を出すのですが、その費用をそれ以前に居住していた直前の Wohnsitz がある地方公共団体へ請求できるという仕組みでした。

都市の生活コストは高いので、裕福な都市ゲマインデが生活保護費を出してやや貧乏な地方にあるゲマインデに費用を要求しますと、地方のゲマインデとしては耐えられないので、だったら引き取る、ということになる。これが移動の自由の制限です。

歴史的に見ますと、選挙権の制限よりもこちらの方が長く続きます。ワイマール期まで続きました。最終的にそういう形ではなくて現在地主義――今住んでいるところでやってくださいねという体制に法律上も明確な規定をもって変わるのは、ボン基本法の下での法律改正を待つ必要があります。以上の問題は、公的扶助を受給する権利の問題のさらなる前提としてあったわけです。

このように考えますと、移ったら最後 Wohnsitz が即生じる、住所がすぐに生じるということこそが移動の自由の確保に重要だったという、別の像が出てまいります。したがって、住所からの解放というのは、今いる住所に縛り付けられないという意味においては解放なのですが、今いる住所に縛り付けられないということの含意は何だったかというと、今住んでいるところが即住所になるということの成立でもなければならなかったはずです。でなければ、昔居たところに引っ張り回される。それは下手をすると物理的に送り返されてしまうことも導きかねないわけです。

以上が一つの縁です。しかし、二〇〇八年になって、今行っている形での研究をはじめようと思った原因としては、二つの日本法上の問題がありました。先ほどの話はプロイセンの問題であって、どちらかというと解決されたかのように理解された問題です。

一つは、不法滞在外国人の国民健康保険加入資格に関する横浜市国保事件です。あの事件で扱われた問題は最高裁判決が二〇〇四年に出るまで、かつ最高裁判決が出てもほとんどがそうですが、不法滞在外国人と社会保障の問題として議論されていて、生存権の文脈にすぐに皆が突進します。ところが、最高裁は、そこで生存権の問題ではなくて、住所の問題にしている。国民健康保険法五条の「住所を有する者」とは何かということを議論し、住所認定の問題として処理しました。実定法上の構造は確かにそう読むべきでした。

実際、下級審も苦しんでいて、生活の本拠があればすぐ住所は認められるけれども、外国人の場合はそうはいかないよねということで、外国人日本人二分論で何とか処理してきたのを、最高裁は、まずは日本人外国人を問わずに国保上の住所を有する者とは何なのかということを書いて勝負したわけです。その住所認定の中ではじめて在留資格がないということをどう扱うかを問題にしたのです。私はあの判決を読んで、なぜ住所の問題に切り替えたのだろうかということが気になりました。これが社会保障を研究する私が住所に関心を持つに至った二つ目の原因です。

ただ、これは金井流に言えば対象住民の問題であったわけですが、ここで私が金井さんのように考えられなかった理由を考えますと、保険だったのが私にとって災いしたかもしれません。保険というものは、必ず被保険者集団を構成するので、これは集団の構成員資格の問題でもあったのです。もちろん、そういう前提で考えました。

それから、先ほどのプロイセンの公的扶助も、転入者という表現から分かりますように、地方公共団体の住民相互援助義務の文脈で理解されうるのです。だから、住民の相互援助義務を誰が誰に対して負うか、誰をいつまで、あるいはいつから住民扱いしなければならないかという問題でもあったのです。私にとって相互援助は社会保障における社会連帯の問題として、どうしても団体を観念しやすいという不幸があったかもしれません。そこは金井さんのような冷静な分析をしない一因を作ったかもしれません。

その上で、もう一つの問題がすぐに生じます。それが大阪市のホームレスの転居届不受理処分です。横浜市国保最高裁判決を踏まえると、大阪市の行動は、住所認定の性格に照らして、いっそう誤ったものに見える。また、転入届の受理を拒否して住民基本台帳に記載しないということは、住民と認めないという趣旨の表現ですので、私にとっては構成員資格の問題にしか見えなかったという側面があります。もちろん対象住民としないという側面もありますから、そこは統治団体、ドイツ公法学の団体論に毒されすぎていたかなという気もしますが。

こういう形で考えますと、対象住民の問題と構成員の問題とは、私の学問的遍歴の中ではほぼイコールであった。団体のロジックを使って相互援助しなさいとけしかけていると金井さんはおっしゃるわけで、そこは金井さんほどの冷ややかさが足りなかったのか、お互い住んでいる以上仕方がないということなのかは意見が分かれうるでしょう。

だから、もう一つ確認しておきますと、先ほどの嶋田さんへのお答えでも述べましたが、私は連帯で強制加入だと言っているときに、それをあらかじめ内容を充実したものとして決めて、それに従わせようなどという頭はない。むしろ非常に軽いもので、内容も、どうやっても良いという程度のものにしておきたい。これは、私なりの自由の捉え方の帰結でもあり、私は脱退の自由を重視するタイプでもあるわけです。

その上で、多層制の問題は、やっかいな問題です。なかなか捉えにくい、二つの問題があります。一つは、地方公共団体は一層で良いのではないか――二層制というのは本当に必要なのか、一つである方が簡明だし複雑にしないで良いのではないかと思うことがあります。もう一つは、都道府県を考える際に、市町村連合と都道府県とは何が違うのだろうという問題関心です。普通に地方自治法をやっていれば、違うものは違うと教えますが、例えば後期高齢者医療保険での、県単位の広域連合などはどう理解すればよいのでしょう。要するに県がやってくれないから作ったのですが、県に含まれる市町村すべてからなる広域連合の住民というのは、県の住民と事実上一致しているはずで、二つを存在させる意味を認めるべきなのでしょうか。まとめると、多層制でかつ上を包括的な一つの単体自治体とすることの意味はどこにあるのかという疑問は持っています。これを、住民概念と関連させながら考えるべきなのか、そうではない別種の問題として考えるべきなのかも含めて、かなり困っているテーマです。分からないから無視したというのと、今回の話に関係がないから無視したということとは表裏一体なのでこの辺でお許しいただければと思います。

◆法人住民をどう位置づけるのか?

田中 私から、二点、質問をしたいと思います。一つ目は、法人の住民の関係についてです。今日の議論は、自然人の住民を念頭に置いた議論だったと思います。それでは、いわゆる法人の住民は、先生方のご発表にプロットできるものなのか否か。できるとしたらどういう形で関わってくるのか。そのあたりを教えていただければと思います。

阿部 法人住民の位置づけということは大きな問題だと思います。皆さん、いかがでしょうか?

飯島 法人、集団、団体と個人との関係において、もちろん個人に対する権利侵害が問題になるのだろうと思うのですが、実際に人が動くためには、一人ではなかなか大きな力にならないので、法人、集団、団体というものが住民概念として力を持つ場面はありうると思っています。バランスとりの難しさはありますが、この意味において法人を住民として位置づける必要はあるのではないかというのが、ありきたりながら現段階で考えていることです。

太田 法人について表だって考えていないのはその通りです。ただ、今日の報告をする際に、最後の方で二重加入、二重住民票を認めると住民の押し付け合い・奪い合いが起こるだろうと言いました。法人もそこに含めますと、もっと大変なことになるだろうなと思います。

複数の住民たりうることを認めようとすると、その要件として、複数住所を認めるか、あるいは財の所在か過去の居住か、何かを使うことになります。過去の居住というのは過去の住所なので、財の所在かいつかの住所か。どちらにせよ、法人は税金をとれそうなものになればなるほどいろいろなところに財を持っているから、法人についてもこのようなものを手がかりに住民にしてしまうと、法人の住民認定について、多分大変なことになるだろうなと思います。他方で、自然人については複数住所を認めつつ、法人については単一住所とし、一つの地方公共団体の住民にしかなれないとするのは、どちらかというと社会的常識に合いにくいのではないか。法人の活動の方が大規模なので、活動の連結点はもっとたくさんありそうな気がしますから、そこら辺を考えると、私は住民の奪い合い、押し付け合いは——法人の場合は奪い合いかと思いますが、大変なことになりそうだと思います。

金井　確かに、法人住民というのは難しい扱いというか、ちょっと不思議な存在だと思います。負担分任させるために、法人を住民にするのかもしれませんが、別に住民票のあるような住民にしなくても、対象住民であれば、負担分任を負わせることができるのです。そもそも、法人に住民票などはありません。したがって、法人を別に住民にしなくても良いわけですね。「法人国民」という存在もあまり聞きません。日本法人という「国籍」はあるようですが。

多分そこには立法政策上の意味があって、簡単に言えば、ロビイ活動や政治活動をしても良いというふうに戦後のリベラル・デモクラシーの政治経済体制として認めたということですよね。それで納税者訴訟ないし住民訴訟をしやすくしたというのは、いわば資本主義経済社会体制を構成する法人に、一定の特権を与えたという立法政策があったというものの現れだろうと思うのです。しかし、それがバランスを失しているのではないかという木佐先生のご指摘は重要だと思います。ただし特権と同時にさまざまな形で負担もさせたい。もっとも、これは住民と認めようと認めまいと、負担させられるかどうかは別の議論でありうるはずです。

ともあれ、法人を選挙人にはしないという、とりあえず一線だけは守ったということです。しかし、住民訴訟の方は、納税者訴訟が背景にあるからかもしれませんが、それは一線を守れていないという意味では、住民訴訟は民主政治的なコントロールではないという位置づけなのでしょうね。一人でも法人でもできるということとは、要は頭数とは関係がないということですから。

そういう意味で、いろいろと切り分けられていて、法人を住民と位置づけなくても、本当は何の不便もないということだとは思うのです。が、そこに何となく一定の、もやもやとした、法人も自治体に口を出せそうだというような紐帯があるように神話を作ることにした方が、法人資本主義的な統治がうまくいくという感性があったのではないかと思います。

◆ふるさと納税の位置づけと、代表と課税との関係性

田中　二点目は、ふるさと納税に関してです。これは実質的に個人にいろいろな自治体に自分の住民税をどこに入れるかの選択権を与えたようなものではないかと思います。そう考えると、住民性とか自治体性とか区域という概念や要素は、固い物ではなくなって、すでに相当緩和された、弱まっている状況にあるようにも見えます。このふるさと納税制度に関する意義について、可能であれば所見をお示し願います。

阿部　ふるさと納税のような仕組みができたことによって、自治体への帰属のあり方、あるいは連帯の宛先が変わってきているのではないかという指摘です。皆さんそれぞれにお考えがおありでしょう。

飯島　ふるさと納税については、恐れ入りますが、勉強不足で特に申し上げられません。

太田　ふるさと納税については、前提として、「代表なければ課税なし」という原則における、代表と課税の結合をどこまで真剣に考えるべきなのか、若干疑問があります。担税力があるところに税金をかけていて、そのうちの一部について代表をよこせ、という方が正しいロジックであるのかもしれません。

法人にそのまま選挙権のようなフォーマルなVoiceを認めますと、後ろに絶対人がいるはずで、それはできないので、ロビー活動で我慢しておいてということで、法人はまず多少別扱いをすることが許されると考

えられると思います。

そう鎮痛剤を打った上で、しかし今の法制度を見ると、住民でない自然人にも担税力があるということで税金をかけていて、それがどの程度合理的かは分かりませんが、それ自体違憲だという極端な主張も実際のところなさそうだと思うのです。堂々と合憲だという議論も聞いたことがないのですが――そこは碓井先生に教えていただきたいと思います。担税力の所在で狙っていって地方税をかけることはやはりあるし、ホテル税のようなものを考えると、いかに住民でない者に法定外税をかけるかが地方公共団体の腕の見せ所のように思っている人もいるのではないかと思わせる実務もないではありません。だから、税負担と住民の関連ははじめから切られているのではないか。

ある程度それが切られることを正当化するロジックもないではありません。例えば我々は、国についても、累進課税であるからたくさん税金を払っている者にたくさんVoiceを与えるべきだとは言わないわけです。株式会社のようにそういう形態のメンバーシップ編成をとるのと、国民国家のように税金を払っていようが払っていまいが一人一票だと考えるメンバーシップ編成があって、そのどちらが適切か、どの団体をどのタイプでやるべきかをもう少し考えなければならない。そして、デモクラシーには税金とメンバーシップを切っている要素も認められる。切りすぎると、「代表なければ課税なし」の問題になってしまうので、そこら辺が悩みどころなのかもしれません。ともあれ、そのような問題があるのではないか。だから、今ふるさと納税か何かによって地方公共団体の区域とか住民とか自治体性とかが何か固いものではなくなったというよりは、そもそも切ることを要求するロジックを国民国家は持っていたのではないか、近代民主政が持っていたのではないかというのが思いついた一つのことです。

その上で、ふるさと納税に行きますと、私は、ふるさと納税が成り立つのは任意の寄付であり、税は負担するけれども代表をよこせと言わないから成り立つのであって、寄付してやるから代表もよこせと言ったらいやがるところは出てくるのではないかと思うのです。その限りでは、今井先生の論文等を読むと、ふるさと納税もあるのだから、ましてや二重住民票だって良いではないかとお考えになっているような文章もあるのですが、やはりそれはちょっと違うのではないか。ふるさと納税の妙味は、カネだけを払ってVoice、代表を要求しない、任意性の下でそれが正当化されるところにあったのではないか。また、それで税収が減った方はたまったものではないのだけれど、そこは税負担とメンバーシップの要件とが切れているということで問題化されないようになっていたのではないかという気がしております。

金井　ふるさと納税も、早い話、日本の場合、本当はもうどうでも良いわけです。地方交付税があるので、誰がどの自治体に納めるかなどという話は考えないということが大前提です。財政調整（財調）というのは、そもそも、そういうロジックですよね。財調を前提にしているということは、誰がどの自治体に納税するという話とは全く別世界に一九四〇年以降、すでになっているわけで、なぜいまさら訳の分からないことを言い出すのかなと、不思議でなりません。多分、財調という本体があるから、ああいう「遊興」ができるのでしょう。政治家の「遊び」ですね。ほとんど無意味だと思っています。

逆に言うと、もともとも地方税の納税はバーチャルだし、間接課徴形態になっています。その上での「遊び」の問題なのではないかと思っています。「遊び」なのだから、「景品」目当てで納税先をショッピングするのも自然な堕落の成り行きでしょう。

そういう意味で、法人の位置づけは何か。太田先生は、自治基本条例は嫌いだとおっしゃっていますが、川口市で私が自治基本条例に関わったときには、法人を市民に入れないという定義をしました。それは私ががんばって入れなかったということです。市域内で法人を市民に含めたいと言いたいのであれば、法人で活動している人は、すでに個人としても市民に入っているのだから、活動市民で充分であろうということです。

生身の人間であるところに、法人というモビルスーツを着て、力を何倍にも増強して動くのは不公正・不平等であるということで、止めさせました。法人を住民に含めなくても、実害はない訳です。法人であろうとなかろうと、活動している人はいるわけですから。

そういう意味で、法人住民があるというのは、私も違和感を持っているし、また入れる必要もない。にもかかわらず敢えて入れるところに、なんとなく連帯があるのかな、法人も同じようなメンバーなんだな、とイメージさせたいわけです。メンバーシップがあるということで、法人に自治体レベルで大きな顔をさせたい、という政治経済体制を踏まえた、立法政策上の立法者の意図があるということではないかと思います。

碓井　先ほどから議論になっている、「代表なければ課税なし」ということですが、これは、多分個別的な代表性を問題にする概念、原則ではないと思うのです。だから法律によらなければならないとか、条例によらなければならないというのではなくて、トータルな問題である。

例えば、外国人でも、日本にずっと居住していると、居住者としての課税――無制限納税義務者になりうる、というか、ならされている。それから選挙権のない未成年者だって、財産を持っていたら固定資産税を納めねばならないし、利子所得があれば利子所得の納税義務があるということで、個別的な代表性を要求するものではないと思います。

それから、先ほど来議論になっている法人住民のことですが、これはあまり、それほど議論することではないと思いますが、これからの地方自治のパラダイム転換の問題としてひょっとすると出てくると思われるのは、今日本においてはタワーマンションができたりして、千代田区や港区に住民が増えていて問題がないのですが、仮にそういう都心区が、ほとんどが法人の事業所だけでそこに住民の居住割合が極めて低いというときに、そこの自治体のあり方をどうするかが課題となって、ひょっとすると法人による投票を認める必要が出てくるかもしれない。

私が断片的に調べたことなのですが、オーストラリアのニューサウスウェールズ州のシドニー市は、特別の州の法律がありまして、法人も賃借者という立場でしたか、納税義務を負っている場合に投票権を持てるのです。それはヨーロッパの伝統を輸入したのだと思います。現在もそのような状況なのかは確認していませんが、私が調べた当時はそうでした。ですから都心地区のこれからの自治のあり方としてはそういうことが問題になってくるかもしれないという気がします。

木佐　時間が乏しくなっているときに恐縮です。今、碓井先生がおっしゃっていただいたので私も補足的に。

要するに、カネを出す者が政治に口を出せるというのが歴史的にはあったから、等級選挙制というように、市だったら三級、町村は二級制度だった。私も正確な記録が出せないのですが、少なくともドイツのどこかでは、一八世紀くらいに法人理論がまだきちんとはできていないけれども、コルポラツィオンが多額の税金を払っていたら投票権があったはずなのです。だから、自然人だけに絞る過程が歴史的にはまずあって、その一部がシドニーに残っているというのは、英米法圏でもあったのではないかと思います。

要するに、領主が勝手に日本の年貢のようなものをとっていた時代と、市民階級が勃興してカネを納めるのだったら口も出させろという時期があって、その次に、市民革命があって平等な市民という理想があり、納税の有無を問わない市民の平等な参政権が実現した後、今度は本当に自然人が減ってきたら改めて法人の政治的・行政的な役割をどう期待するかというような問題がまたもう一度別の形で出てくるかなと思いました。

◆まとめ

阿部　ありがとうございます。そろそろまとめに入らせていただきます。報告者の皆さんは、それぞれ他の報告者の報告もお聞きになっています。その点も踏まえて、ご自身の報告に追加したいことや改めて強調したいことなどがありましたら、一言二言お話しいただ

そういう意味で、エリアレンジャーとして、エリアの内外に、飯島先生がおっしゃったように、ある程度の流れをコントロールするというのは、多分ある範囲では許容されているのだろうと思います。ある程度適切なコントロールだったらむしろ奨励しますし、そうではないものについては、国はいやがる。しかし自治体としては、むしろ国がやらせたいものはこちらはやりたくないというときに、国（National Government）と自治体（Local Government）との政府間の団体自治として権限が争われるのではないかという気がしています。

あとは、「空間なき地方自治体」とは何なのかということです。ある人間を対象住民とする設定が、必ずしも区域を媒介して分業する必要はないのではないかというのが私のイメージです。太田さんからすると、機能的自治であって、地方自治とは呼べないかもしれませんが。

健康保険組合も、私としては、相互会社ではなく株式会社形態の保険会社と同じく、機構として捉えられます。自治体よりは事務の範囲の狭い機構です。構成員・組合員というより、単なる被保険者、保険行政対象者です。太田先生は、例えば国民健康保険の組合であるとか市町村国保にも一種のメンバーシップがあって連帯というロジックが作用しているという理解かも知れません。社会保障・社会保険研究の世界でも、そういうイデオロギーとか神話はあると思います。そうすると、公費・租税と保険料は違うので、社会保険である以上、保険料による財源調達が五〇パーセントより下がってはならない、税金（公費負担）は限界があるとか、そういう議論も出て来ます。しかし、機構とすれば、そんなものはどうでも良くて、要は取れるところからどう財源調達・財政調整するかという話と、誰にサービスするのかという話で、そこに連帯という概念は別になくても良いのです。が、かといって出す側が租税抵抗をするので、権利性とか、連帯とか言うわけです。

そういう意味では、市町村国保と被用者保険あるいは国保組合との関係のように、被保険者のように対象住民さえ区画できれば、「空間なき自治体」というものを設定しても、それ自体は原理的には回る。ただしそのように抜け殻的に「空間なき自治体」ができると、残ったものはどうするのか。クッキーの型抜きみたいに抜かれた後、残りをどうするのかという話はどうしても残る。そうすると一般制度とか、地域別制度とかが便利で、必要になってくる。そう考えると、やはり最初から全部空間のある地方自治体で処理するのが便利であるとは思うのです。だから、本当は市町村国保とか、後期高齢者医療制度とかは、全部、地域保険・地域機構に変えることは、統治の効率からいうと立法政策上の立論はありうると思うのです。都道府県レベルの保険組合にして職域保険を止めたいというのは、ずっと昔から議論はあります。ただ、それには被用者保険などの既得権からの抵抗が大きい。それは沿革的なものだと思います。そういう意味では、「空間なき自治体」は、統治の効率性や経路依存性はともかく、論理的には充分ありうるのではないでしょうか。

「空間なき」という意味でもっと深刻なのは、亡命政府です。それはやはり国レベルだからなのかなということなのですが、国レベルだと亡命政府とか、パレスチナ、イスラエルという話があるかもしれません。自治体が外国に亡命するというのは、パラレルには考えにくいかもしれません。主権国家の機構としての中央政府の亡命は、国土空間から切り離されても、国民とは切り離されても、主権の担い手としては、なんとかありうるかなとは思うのですが、なかなか空間なきというのはしんどい。自治体が外国に亡命するときには、主権または主権に基づく統治権の担い手として亡命し得ますが、論理的には可能でもなかなかしんどいだろうなと。むしろ、どのような主権に基づき、どのような国家や中央政府ができようと、占領軍が進駐しようと、地付きの自治体という機構は、固有に存在するものかもしれません。

飯島　理論的にも極めて貴重なご教示を頂戴しまして、根本からひっくり返されたような感じでおります。と言いますのも、私は、地方自治を、非領域的自治と対比される領域的自治として、つまりは、土地に根差した自治あるいは土地に縛られた自治として考えてきたところがあるからです。阿部先生がコメントされた昭和三八年最高裁判決のいう「共同体意識」を、その弊害は意識しつつも、当然の前提のごとく捉えておりましたが、区域と住民という要素を超えた「自治」という発想を問い直してみたいと思っております。また、太田先生から、地方公共団体にメンバーシップを認めないと言わせないための、その意味において居住移転の自由を確保するための「開放的強制加入団体」という仕組みを改めてお教えいただきました。居住移転の自由を表面的にしか勉強できなかったところを、太田先生のご教示をもとに深めていきたいと思っております。

領域社団という捉え方自体についても、私はそのように思い込んでまいりましたが、金井先生から、ゾーン・ディフェンスという極めて刺激的なご教示を頂戴しました。ただ、構成員のいない統治機構と捉えた場合、その統治機構が実現すべき利益を誰がどのように決定するのかがよく分からないところでございます。法人として構成員の共同利益を実現するという考え方に対し、構成員のいない統治機構は何を目的とするのか、このことをはじめ、地方自治の捉え方自体から考え直していきたいと思っております。

なお、私自身が取り上げた部分秩序形成権に関しては、都市計画提案制度や建築協定制度において、住民ではなくデベロッパーつまり住民でない者が実際には主体になっているという指摘を打ち合わせの際に頂戴しました。そういったことも含めて、領域的自治とは何かを考え続けてまいりたいと思っています。貴重な勉強をさせていただきまして誠に有難うございました。

阿部　ありがとうございました。簡単に私の感想を述べさせていただきます。私は、法社会学を専攻しつつ、社会学全般についても勉強しているのですが、ミクロな観点から見て合理的な行動がマクロな観点から見ると不合理な結果をもたらすというのは社会学の得意とするトピックです。一人ひとりの個人が、それぞれ私的な利害関心に基づいて合理的に行動すると、自治体レベルでは非常に不合理な結果が生じてしまうということは、社会学的に見れば十分に起こりうることですし、実際にも多々あることです。同様に、個々の自治体が、現にある制度的な制約条件の下で合理的に行動すると、国レベルではとんでもないことが起こってしまうということも、稀なことではありません。

そういうミクロ、メゾ、マクロのそれぞれのレベルでの合理性の乖離、あるいは私的選好に基づく行動の総和が、集団レベルでは誰も望まない結果を引き起こしてしまうという問題を、制度的に、法的仕組みでもって制御できるのか、できないのかということは、法社会学的な観点から興味深い点でして、今日は、自治体の開放性をめぐる議論から、たくさんの示唆を得ることができました。

日常的に使っている「住民」や「区域」という概念が、改めて考えてみると、かなり奥が深い問題を含んだものであることに気付かせていただいたという点でも、今日の数時間は非常に実りあるものだったと考えております。報告者の皆さんありがとうございました。

嶋田　私からも一言申し上げます。パネリストの皆様、司会の阿部先生も今日はありがとうございました。当初想定していた以上に充実した議論になったと思っております。

最初にレジュメを拝見したときにはこれは本当にまとまるのだろうかと心配しておりましたが、「区域」と「住民」と「自治体」の関係性や、「住所」をベースとした行政サービス提供ということの意味など、かなり交通整理されたと思っております。

住所があれば住民になれるという開放的強制性という面が、自治体の非排除性を担保し、それが移動の自由の確保につながっている。そのインプリケーションとして、自治体は、排除的ではないからこそ、その中に多様性なり異質なものとの共存性を宿すことになり、だからこそ、そこでは、連帯が問われてくる。

また、「仮のまち」構想は、確かに重要な問題提起ですが、簡単にそうはいかないという理由もよく分かった気がします。やはり住所に着目して住民を捉えていくということにはそれなりの合理性があって、そこを変えるといろいろと問題が噴出してくる可能性がある。そこを踏まえて、慎重に考えなければならない気もしました。

他方で、自治基本条例に現れているように旧来の「住民」の範囲を広げる「市民」概念が出てくるなど、住民中心主義への揺らぎが生じているという点についても、改めてご指摘いただいたのではないかというふうに思っております。

本当にありがとうございました。

本書は、2011 ～ 2013 年度実施の文部科学省科学研究費助成事業・基盤研究（A）「地方自治法制のパラダイム転換」（課題番号：23243006）（代表：木佐茂男）の共同研究活動の成果である。ただし、出版のための印刷費用は研究代表者の個人負担による。

【編著者】

嶋田暁文　九州大学大学院法学研究院准教授

阿部昌樹　大阪市立大学大学院法学研究科教授

木佐茂男　九州大学大学院法学研究院教授

【著者】

太田匡彦　東京大学大学院法学政治学研究科教授

金井利之　東京大学大学院法学政治学研究科教授

飯島淳子　東北大学大学院法学研究科教授

地方自治の基礎概念

住民・住所・自治体をどうとらえるか？

2015 年 8 月 31 日　初版第 1 刷発行

編　著　嶋田暁文《しまだあきふみ》・阿部昌樹《あべまさき》・木佐茂男《きさしげお》

著　者　太田匡彦《おおたまさひこ》・金井利之《かないとしゆき》・飯島淳子《いいじまじゅんこ》

発行者　武内英晴

発行所　公人の友社

T E L 03-3811-5701

F A X 03-3811-5795

E メール info@koujinnotomo.com

http://koujinnotomo.com/

ISBN 978-4-87555-669-5